Escritos breves sobre Estética

FRIEDRICH SCHILLER
Escritos breves sobre Estética

Sobre lo patético
Reflexiones sobre el uso de lo vulgar y lo indigno en el arte
Sobre los límites necesarios en el uso de las formas bellas
Sobre el provecho moral de las costumbres estéticas

Introducción de Jorge Seca
Traducción de Víctor Manuel Borrero y Juan Pablo Larreta

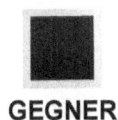

GEGNER

Consejo Editorial
Director: Juan José Gómez Gutiérrez
Robin Adèle Greeley, University of Connecticut
Teresa Cascudo García-Villaraco, Universidad de La Rioja
Miguel Ángel Albi Aparicio, Universidad Pablo de Olavide
Guido Ferilli, Università IULM

Títulos originales:

Über das Pathetische
Gedanken über den Gebrauch des Gemeinen und Niedrigen in der Kunst Über die notwendigen Grenzen beim Gebrauch schöner Formen
Über den moralischen Nutzen ästhetischer Sitten

Traducción de Víctor Manuel Borrero Zapata y Juan Pablo Larreta Zulategui
Edita: Gegner Libros
Camino Fuente del Rey, 1. 21200 Aracena
www.gegnerlibros.com
info@gegnerlibros.com
ISBN: 978-84-96875-97-5
Depósito legal: H 201-2013

ÍNDICE

Introducción I
   Jorge Seca
Sobre lo patético (1793) 1
Reflexiones sobre el uso de lo vulgar y lo indigno en el arte (1793) 27
Sobre los límites necesarios en el uso de las formas bellas (1795) 35
   Sobre los límites necesarios de lo bello, particularmente
   en la exposición de verdades filosóficas 35
   Sobre el riesgo de las costumbres estéticas 53
Sobre el provecho moral de las costumbres estéticas (1796) 61

INTRODUCCIÓN

En 1791, el poeta Friedrich Schiller (1759-1805), que quiso ser teólogo y acabó siendo médico y que escribía y declamaba versos en la estricta academia de régimen militar en donde estudió, tiene 32 años de edad y lleva un año casado. La grave enfermedad que acabaría con su vida catorce años después le da ahora su primer aviso fulminante y serio. En ese mismo año comienza su estudio de la obra del filósofo contemporáneo Immanuel Kant. Lleva algunos años sin producir ninguna obra poética nueva. Ha escrito sin embargo varios estudios históricos con rigor y amplia documentación, en concreto, la *Historia de la segregación de los Países Bajos Unidos del gobierno de España* y la *Historia de la Guerra de los Treinta Años* entre católicos y protestantes que desoló Europa en todos los sentidos. El médico que quiso ser teólogo ejerce en estos momentos la sacrificada profesión de profesor de Historia en la Universidad de Jena. Su lección magistral *¿Qué significa y con qué fin se estudia Historia universal?* le significó el aplauso y el reconocimiento del estudiantado como pocas veces se había visto anteriormente en el ámbito universitario. A Friedrich Schiller no le eran desconocidos ni el aplauso ni el éxito. En su época de estudiante había escrito a escondidas la obra de teatro que le encumbraría a la fama de por vida: *Los bandidos*. Otras piezas habían consolidado su trayectoria de autor dramático: *Intriga y amor* y *Don Carlos*. Sus composiciones en poesía no son tan celebradas, pero el tono de su lenguaje y el entusiasmo que libera en cada una de ellas son muy apreciados. Ya ha compuesto en esas fechas por ejemplo el *Himno a la alegría* que recogería Beethoven para su *Novena sinfonía* y *Los dioses de Grecia*...

¿A qué se debe entonces esa pausa prolongada en su creación poética? ¿Por qué dedica tantos esfuerzos a la Teoría estética?

El poeta Friedrich Hölderlin, discípulo de Friedrich Schiller como tantos otros jóvenes de las generaciones románticas, dijo que «la Filosofía era el hospital del poeta». Y esta frase adquiere un sentido muy real si la transponemos a la época en la que Schiller profundiza en sus investigaciones sobre la belleza, la tragedia, el teatro en general, las manifestaciones de la belleza, la dignidad, la libertad, etc. Sus investigaciones filosóficas son el hospital y el refugio de su espíritu en pura resistencia frente a la enfermedad. Schiller necesita encontrar una fundamentación a su quehacer de artista, necesita afirmarse como poeta en un mundo cada vez más mecanizado y especializado, en donde el provecho y la utilidad se están convirtiendo ya irrevocablemente en el gran ídolo de las sociedades. Con el instrumento afilado de la crítica, con la ayuda de las dos proclamas valientes de Kant, «Atrévete a saber» y «Determínate a ti mismo», y valiéndose como apoyo rígido de la obra de este mismo filósofo (en especial de su *Crítica del juicio*) Schiller realiza una revisión en profundidad de la Teoría estética en diferentes ensayos, algunos de los cuales siguen siendo modélicos en su género. Lucha dialécticamente por encontrar incluso un principio objetivo universal de belleza. Muchas de las investigaciones son contrastadas en la vivísima correspondencia que mantiene con amistades como Körner, W. von Humboldt, Goethe, etc. La frecuencia de esa correspondencia mantenida por correo de postas prácticamente a diario haría sonrojar al servicio moderno de Correos. Son cartas intensas, de exposición dialéctica, casi semejantes al tipo de conversaciones al que estaba habituado nuestro autor, en las que se trataba de alcanzar metas firmes para el pensamiento desarrollado en sociedad, en dialéctica sociedad. Conforme al espíritu ilustrado de su tiempo, el Siglo de las Luces, se funda por todas partes universidades, escuelas, bibliotecas, sociedades de lectura, centros de formación. Schiller fundó también sus revistas. La más conocida sería *Las Horas*, en las que aparecerían publicados varios ensayos suyos.

Entre 1791 y 1801, Schiller sembraría las siguientes simientes ensayísticas:

Sobre la causa del placer en objetos trágicos (1792), *Sobre el arte trágico* (1792), *Kallias o sobre la belleza* (1792), *Sobre la gracia y la dignidad* (1793), *De lo sublime* (1793), *Sobre lo patético* (1793),

Reflexiones sobre el uso de lo vulgar y lo indigno en el arte (1793), *Consideraciones dispersas sobre diferentes temas de Estética* (1794), *Sobre la educación estética del hombre* (1795), *Sobre los límites necesarios en el uso de las formas bellas* (1795), *Sobre poesía ingenua y sentimental* (1795-96), *Sobre el provecho moral de las costumbres estéticas* (1796), *Sobre poesía épica y dramática* (1797), *Sobre lo sublime* (1801).

En 1796 reinicia su actividad poética creadora, ya depurada. Consciente de su misión y de la importancia de su trabajo como poeta, inicia una carrera contrarreloj en su producción dramática con la cual obtendrá éxitos rotundos con títulos como *Wallenstein, María Estuardo, La Doncella de Orleans, Guillermo Tell*... Es aclamado en Berlín en donde sin embargo no llegará a residir ya, prefiriendo la Weimar en la que vive con su amigo Goethe trabajando conjunta y denodadamente por elevar la calidad del teatro alemán con producciones propias, con traducciones, con el talante y rigor que ya impusiera Lessing para los escenarios. Para Schiller, el teatro es una institución moral que tiene como misión que el ser humano conozca a sus semejantes, y en ese sentido hay que interpretar la elevada tarea educadora del artista. Schiller contemplaba como misión del poeta la de capacitar al ser humano en el trato con la libertad, según sus propias palabras. Y es en este punto donde probablemente resida la causa más importante para ese intervalo «improductivo» mencionado, y no la supuesta sequía de la fantasía o la merma de fuerzas debida a su enfermedad. Igual que le ocurriera a Goethe tras el regreso de este de un viaje a Italia que le haría distanciarse de su obra juvenil (entre otras obras, del *Werther*, nada menos que el mayor éxito de ventas de la época), así Schiller renegará de su obra primera. Y es que ha variado radicalmente su principio de acción, su concepto de libertad. Frente a la acción desbocada de *Los bandidos*, acción que desencadena otras acciones condicionadas, sin mesura ni concierto, complicando en lugar de resolver y dejando por tanto al espectador en un estado de enervamiento casi irracional, Schiller propondrá una acción sujeta a la elevada norma de la ley moral innata al ser humano, una acción libre, una acción humana. La libertad no es una mera rotura de cadenas externas, sino, como diría Hegel, otro de los discípulos de Schiller, «una intelección de lo estrictamente necesario». De

Los bandidos a *Guillermo Tell* hay todo un recorrido en la maduración del significado de libertad política. En este último caso, la muerte del tirano escenifica la lucha política real frente a la opresión, una opresión brutal en todos los sentidos, pero significativamente trata la opresión más dolorosa, la de la más elemental dignidad humana.

Schiller recibió de la Asamblea Nacional la condición de «ciudadano francés» por la obra de juventud mencionada. Sin embargo, y a pesar de recibir con satisfacción las primeras noticias del levantamiento revolucionario en el país vecino, la posterior ola de terror le decepcionó por completo. Estos hechos fueron los que incitaron a Schiller a perseverar en la importante misión educadora del poeta, del artista en general. Frente al trabajo en la «más perfecta de todas las obras de arte, la instauración de una verdadera libertad política», Schiller trabaja en ensayos sobre Estética. Esto, que parecería un paradójico abandono de las cuestiones vitales de su época, un alejamiento pernicioso de la realidad, es sin embargo una postura muy reflexiva. La apuesta revolucionaria de Schiller (que le ha granjeado injustas críticas de sus detractores, fundamentalmente por desconocimiento de su alcance) es: «La libertad sólo puede alcanzarse a través de la belleza». Y por tanto es en la obra de arte, vástago de la libertad, donde deberán intensificarse los esfuerzos para la educación del género humano. Pero no toda obra denominada artística produce ese efecto liberador. El concepto de poesía es para Schiller: «dar a la humanidad su más completa expresión en lo posible», esto es, la verdadera poesía es aquella que tiene como efecto el equilibrio entre las fuerzas sensibles del ser humano y las fuerzas racionales, sin merma ni descompensación entre ellas. La integridad es con toda seguridad el concepto que mejor define la trayectoria artística y vital de Friedrich Schiller. Integridad, completud, perfección, con la meta de la armonía de las fuerzas y capacidades del ser humano. Integridad no únicamente como concepto exclusivamente moral sino más abierto, abarcando todas las esferas humanas. Es en este sentido en el que Schiller se refiere al poeta como «guardián de la naturaleza», esto es, el poeta como puente de comunicación permanente entre los orígenes de la humanidad y su más elevado progreso. El relato de la perdida naturalidad en la acción y en la expresión humanas y el intento por reestablecer la armonía originaria del ser humano serán los cometidos más destacados del poeta moderno, por los que apuesta valiente y revolucionariamente nuestro autor. Con estos datos es evidente la modernidad del planteamiento de Schiller y su inalterada vigencia transcurridos dos siglos desde su muerte. El idealismo de Schiller, en consonancia con el posterior Schopenhauer de *El mundo como voluntad y representación*, se fundamenta en las ideas que originan los objetos en nosotros, ya que esos objetos en sí poco o nada pueden decirnos.

Hay un orden bello al que es preciso aspirar, un orden en el que se corrigen por igual la presunción paradójicamente racionalista de dominio de la naturaleza y la delectación irracionalista de la naturaleza como fuerza ciega. Es en la búsqueda de ese orden, de ese equilibrio (la igual ponderación de las distintas facultades humanas en la balanza vital) como hemos de leer y entender los ensayos contenidos en esta edición. En ellos encontraremos la huella tenaz, perseverante, titánica, por esclarecer la verdad. El trabajo de poeta adquiere en Schiller una dignidad fuera de lo común. La presencia del poeta, a salvo de las modas del tiempo, es, y seguirá siendo, del todo necesaria.

Los textos de esta edición, inéditos en lengua española, requieren un esfuerzo adicional por parte del lector, como en general ocurre con toda obra reflexiva y de investigación. Se le ha criticado muchas veces a nuestro autor no ser exacto en los términos empleados en su discurso. Este hecho cierto provoca que el trabajo de traducción se convierta en una ardua tarea, en ocasiones hasta en una tarea imposible. Sin embargo, el empleo de ejemplos aclara la mayoría de las veces el uso y significado cabal de los conceptos. Nos encontramos frente a un idioma alemán ya maduro y en una de las épocas más felices y productivas del espíritu europeo, del espíritu universal. En la lectura de estos textos no deberíamos olvidar en ningún momento que Schiller intenta argumentar principalmente sobre la razón de ser del arte y del artista en el mundo moderno. Los campos de trabajo en el momento de la redacción de estos ensayos no estaban tan delimitados como en la actualidad. Quizás no debieran haberse especializado nunca tanto. En cualquier caso valgan la valentía y el valor de Schiller en su empeño por ver reunidas y equilibradas en los seres humanos todas sus facultades.

Jorge Seca

Sobre lo patético (1793)

La representación del sufrimiento como tal, sin más, no puede ser jamás la finalidad del arte, pero como medio para esa finalidad es extremadamente importante. La finalidad última del arte es la representación de lo suprasensible, y el arte trágico especialmente lleva a cabo esta tarea haciéndonos perceptible, dentro de un estado de conmoción, la independencia moral respecto a las leyes naturales. Únicamente la resistencia explícita contra el virulento poder de los sentimientos hace reconocible el principio de libertad que reside en nosotros; claro que esa resistencia sólo puede ser valorada conforme a la intensidad del ataque. Por eso, para que la *inteligencia* del ser humano se revele como una fuerza independiente de la naturaleza, esta última deberá haber exhibido previamente ante nuestros ojos todo su poder. El *ser sensible* debe sufrir de manera profunda y convulsa. El "patós" debe existir para que el ser racional pueda manifestar su independencia y pueda ser representado como *ente activo*.

Es imposible comprender que el *sosiego del ánimo* es efecto de su fuerza moral si no se está convencido de que no es efecto de la insensibilidad. No tiene mérito alguno convertirse en un maestro de sentimientos que sólo recubren leve y fugazmente la superficie del alma; es pertinente, sin embargo, una gran capacidad de resistencia, infinitamente más sublime y superior a todo el poder de la naturaleza, para preservar la libertad anímica en medio de una tormenta desatada por los sentidos. En definitiva, sólo se consigue representar la libertad moral por medio de la representación más viva posible de la naturaleza doliente, de modo que el héroe trágico deberá haberse legitimado ante nosotros como ser sensible antes de que le reverenciemos como ser racional y creamos en su presencia de espíritu.

El "patós" es, por tanto, la primera e ineluctable exigencia que se le plantea al artista trágico, al cual le está permitido llevar la representación del sufrimiento tan lejos como sea posible sin perjuicio para su finalidad última, sin reprimir la libertad moral. Debe, por así decirlo, volcar toda la carga del sufrimiento sobre su héroe o sobre el lector, pues de otro modo no quedaría claro si la resistencia frente a ese sufrimiento es mucho mas una acción del espíritu, algo *positivo*, antes que simplemente una carencia, algo *negativo*.

Esto último es justamente lo que sucede en los dramas franceses del pasado, en los cuales nunca o sólo muy raramente nos hallamos cara a cara con la naturaleza doliente, sino que más bien vemos únicamente al frío poeta declamando o al comediante andando con sus zancos. El tono helador de la declamación ahoga todo asomo de naturaleza verdadera, y la adorada *decencia* de los trágicos franceses les impide por completo esbozar a la humanidad en toda su autenticidad. La *decencia*, aunque esté en su sitio, falsifica siempre la expresión de la naturaleza y, sin embargo, el arte exige esa expresión ineluctablemente. Apenas podemos creer de un héroe trágico francés que sufra, pues se mostrará como el más tranquilo de los hombres, por encima de su estado de conmoción, y la inagotable preocupación por la impresión que causará a los demás no le permitirá dejar en libertad a su naturaleza. Los reyes, princesas y héroes de un Corneille o de un Voltaire no olvidan jamás su *rango*, ni siquiera inmersos en el más arrebatado de los sufrimientos, y prefieren con mucho despojarse de su *humanidad* antes que de su *dignidad*. Semejan a los reyes y los emperadores de los antiguos libros con ilustraciones, que se iban a la cama con la corona puesta.

Qué distintos son los griegos y aquellos de entre los modernos que han compuesto versos según el espíritu de los primeros. El griego no se avergüenza jamás de la naturaleza, le concede a la sensualidad todos sus derechos y, sin embargo, está seguro de que nunca será sojuzgado por ella. Su entendimiento profundo y cabal le permite diferenciar lo accidental, que el mal gusto convierte en una obra notable, de lo necesario; todo lo que no es humanidad es accidental en el ser humano. El artista griego que tiene que representar a un Laoconte, a una Níobe o a un Filoctetes no sabe de princesa, rey o hijo de rey algunos; se atiene solamente al ser humano. Por eso, el escultor sabio arroja las vestimentas y nos muestra las figuras sencillamente desnudas, aunque sepa muy bien que esto no sucediera en la vida real. Los ropajes le resultan accidentes que no pueden ser tenidos en más valor de lo necesario, y las leyes de la decencia o de las urgencias de los sentidos no son las leyes del arte. El escultor debe y quiere mostrarnos al ser humano, y los ropajes lo ocultan, de modo que él los desecha con razón.

De la misma manera en que el escultor griego arroja lejos de sí la inútil y molesta carga de los ropajes para hacerle más sitio a la naturaleza humana, el poeta griego exonera a sus personajes humanos del imperativo igualmente inútil y molesto de la conveniencia, y de todas esas gélidas leyes de la decencia, que no hacen sino volver artificioso al ser humano y ocultar su naturaleza. En la poesía homérica y en los trágicos, la naturaleza doliente habla a nuestros corazones de modo auténtico, sincero y penetrante: todas las pasiones tienen campo libre y las normas del decoro no pueden contener a los sentimientos. Los héroes son tan sensibles a todos los sufrimientos humanos como los demás, y precisamente lo que les convierte en héroes es que sienten el sufrimiento de una forma fuerte e íntima sin que este les supere. Ellos aman la vida tan ardientemente como nosotros, pero esa sensación no los domina de tal manera que no sean capaces de sobreponerse cuando lo exigen las obligaciones de la honra o de la condición humana. Filoctetes inunda la escena griega con sus lamentos, ni siquiera el iracundo Hércules reprime su dolor. La Ifigenia destinada al sacrificio confiesa con una franqueza conmovedora que se separa dolorosamente de la luz del sol. En ningún momento busca el griego la gloria permaneciendo insensible e indiferente ante el sufrimiento, sino sobrellevándolo con todos los sentimientos que se refieren a aquel. Incluso los dioses de los griegos tienen que rendir su tributo a la naturaleza tan pronto como el poeta los quiera acercar a la condición humana. El Marte herido brama de dolor tan alto como diez mil hombres, y la Venus alcanzada por una lanza asciende *llorosa* al Olimpo, conjurando todos los combates.

Esta delicada sensibilidad por el sufrimiento, esa naturaleza cálida y sincera, que se muestra auténtica y franca, y que nos conmueve tan profunda y vivamente en las obras artísticas griegas, es un patrón que debe ser imitado por todos los artistas, una ley prescrita por el genio griego para el arte. La primera exigencia para el ser humano habrá de proceder eternamente de la naturaleza, y jamás debe ser rechazada; pues el ser humano es un ser sensible antes que cualquier otra cosa. La segunda exigencia se la plantea la *razón*, pues el ser humano es un ser racionalmente sensible, una persona moral que tiene ante sí la obligación tanto de no dejarse dominar por la naturaleza como de dominarla. Sólo una vez que, en primer lugar, a la NATURALEZA se le hayan otorgado sus derechos; y que, en segundo lugar, la RAZÓN haya hecho valer los suyos, podrá la DECENCIA plantear la *tercera* exigencia al ser humano, requiriéndole, como expresión tanto de sus sensaciones como de sus actitudes, respeto hacia la sociedad, para que se muestre así como un ser *civilizado*.

La primera ley del arte trágico era la representación de la naturaleza doliente. La segunda es la representación de la resistencia moral frente al sufrimiento.

El estado de conmoción, como tal, es algo de poca importancia, y su representación no tendría valor estético alguno observado en sí mismo; pues, por insistir otra vez, nada que tenga que ver únicamente con la naturaleza sensible es digno de ser representado. Por ello, no sólo los simples estados de conmoción lánguidos (decaídos), sino también los más álgidos, da igual del tipo que sean, se encuentran por debajo de la dignidad del arte trágico.

Los estados de conmoción decaídos, los enternecimientos delicados, pertenecen a la esfera de lo *amable*, con la que las Bellas Artes no tienen nada que ver. Lo único que hacen es recrear a los sentidos con escenas lánguidas y exangües, relacionadas con el estado externo, que no interno, del ser humano. Muchas de nuestras novelas y de nuestras tragedias, especialmente de los llamados *dramas* (híbridos entre la comedia y la tragedia) y de los apreciados retratos de familia, pertenecen a esta clase. No hacen sino producir una descarga de los sacos lagrimales además de un libidinoso alivio de algunos conductos; pero el espíritu se va de vacío, y la nobleza en el ser humano no se ve reforzada en absoluto. Justo así, dice Kant, es como alguno que otro se siente *edificado* por un sermón, aunque en él no se haya *erigido* nada. También la música más moderna parece dirigir sus miras preferentemente sólo hacia lo sensible, halagando de ese modo al gusto predominante, que sólo quiere sentir un agradable cosquilleo, y no ser arrebatado ni conmovido ni extasiado. Se prefiere todo lo *lánguido*, y ya puede haber mucho ruido en una sala de conciertos, que todo el mundo aguza el oído en cuanto que se ejecuta uno de esos lánguidos pasajes. En esos momentos suele manifestarse en todas las caras una expresión de sensualidad rayana en lo animal, ojos embriagados que flotan, ávidas bocas abiertas, un temblor voluptuoso que recorre todo el cuerpo, la respiración que se entrecorta; en pocas palabras, hacen acto de presencia todos los síntomas de la embriaguez: es la prueba clara de que los sentidos gozan y de que, por el contrario, el espíritu o el principio de la libertad que existe en el ser humano es presa de la pujante impresión de los sentidos. Todas estas agitaciones, digo, deben quedar excluidas del arte mediante un gusto noble y varonil, pues sólo le placen al sentido, algo a lo que el arte debe ser ajeno.

Por otro lado, no obstante, quedan excluidos también todos los estados de conmoción que no hacen sino atormentar a los sentidos sin, al mismo tiempo, resarcir al espíritu por ello. Estos estados someten la libertad del ánimo por medio del *dolor* no menos que aquellos otros lo hacían por medio de la *voluptuosidad*, por lo que no pueden sino causar abominaciones, y desde luego ninguna emoción que pudiera ser digna del arte. El arte debe regocijar al espíritu y gustar a la libertad. Quien sea presa del dolor, no es sino un animal atormentado, y no un ser humano doliente; pues al ser humano se le exige desde luego una resistencia moral ante el sufrimiento, resistencia a través de la cual se hace visible el principio de libertad, la inteligencia que reside en él.

Por esta razón, no puede decirse que estén versados en su arte aquellos artistas y poetas que creen alcanzar el "patós" llanamente a través de la fuerza *sensible* de los estados de conmoción y de la exposición del sufrimiento más viva que pudiera existir. Se olvidan de que el sufrimiento en sí jamás puede ser la finalidad última de la representación artística, ni tampoco la fuente *inmediata* del goce que sentimos ante lo trágico. Lo patético sólo es estético en tanto en cuanto es sublime. En cambio, los efectos asignados a una causa sensible, basados únicamente en la afección de los sentimientos, no son nunca sublimes por mucha fuerza que revelen, pues todo lo sublime procede únicamente de la razón.

Representar sólo la pasión (tanto la voluptuosa como la dolorosa) sin representar la capacidad de resistirse a ella se puede denominar *vulgar*, mientras que lo contrario puede denominarse *noble*. *Vulgar* y *noble* son conceptos que designan, allá donde fueren utilizados, la medida en que participa o no participa la naturaleza suprasensible del ser humano en una acción o en una obra. Nada es *noble* excepto lo que emana *de* la razón; todo lo que genera la sensualidad es *vulgar*. Decimos de un ser humano que actúa *vulgarmente* cuando sólo sigue a la persuasión de sus impulsos sensibles; que actúa *decentemente* cuando sigue a su instinto, pero reparando en las leyes; y que actúa *noblemente* cuando sigue a la razón sin reparar en sus instintos. A unos rasgos faciales los llamamos *vulgares* cuando no hacen reconocible la inteligencia que reside en el ser humano de ninguna manera; los llamamos *reveladores* cuando el espíritu determina esos rasgos; y *nobles* cuando los determina un espíritu puro. A una obra arquitectónica la llamamos *vulgar* cuando no nos muestra sino fines físicos; y la llamamos noble cuando, independientemente de todos los fines físicos, es a la vez representación de ideas.

De modo que, digo yo, un buen gusto no tolera representación alguna de la conmoción del ánimo, por muy vigorosa que sea, que exprese únicamente el dolor físico y la resistencia física, si no hace visible a la vez una calidad humana superior, la presencia de una aptitud suprasensible; y esto es así por la razón ya expuesta de que lo patético y lo digno de ser representado no es el dolor en sí sino la resistencia frente al dolor. De ahí que los niveles más altos de la conmoción les estén vedados tanto al artista como al poeta; pues esos estados sojuzgan la capacidad de resistencia interior, o más bien presuponen su sometimiento de antemano, dado que ningún estado de conmoción puede alcanzar su grado más alto mientras la inteligencia que hay en el ser humano siga ofreciendo alguna resistencia.

Llegados a este punto surge esta cuestión: ¿Cómo se reconoce esta capacidad de resistencia suprasensible en un estado de conmoción? No de otra manera sino a través del dominio o, más genéricamente, de la lucha que se entabla contra ese estado de conmoción. Y digo contra *ese estado de conmoción*, porque también la sensualidad puede combatir, pero esa no es una lucha con el estado de conmoción, sino con la causa que la produce; o sea, no es una resistencia moral sino física, igual que la que exterioriza el gusano al ser pisado o la fiera al ser herida, sin por ello excitar el "patós". El ser humano doliente tiene en común con todos los animales que busca expresar sus sentimientos, alejar al enemigo, poner al abrigo al miembro dolido, y todo esto lo asume el instinto sin consultarle antes a la voluntad. No es, así pues, una acción relativa a su carácter humano, ni es algo que le haga reconocible como ser inteligente. La sensualidad combatirá en todo momento a su enemigo, pero nunca se combatirá a sí misma.

La lucha contra un estado de conmoción, por el contrario, es una lucha contra la sensualidad y, por ello, presupone la existencia de algo distinto a esa sensualidad. Contra el objeto que le hace sufrir, el ser humano puede defenderse con la ayuda de su entendimiento y de la fuerza de sus músculos; contra el sufrimiento en sí, no tiene más armas que las ideas de la razón.

Por eso, estas ideas deben o mostrarse en la representación o ser suscitadas por la misma cuando tenga que manifestarse el "patós". Pero sucede que las ideas no pueden ser representadas positivamente y en sentido real, porque no existe nada con lo que se correspondan en el ámbito de la percepción; y, sin embargo, pueden ser representadas perfectamente de manera negativa e indirecta, si en el ámbito perceptivo se ofrece un algo que solemos buscar en vano en las circunstancias de la *naturaleza*. Todo fenómeno cuya causa última no pueda derivarse del mundo de los sentidos es una representación indirecta de lo suprasensible.

¿Cómo logra entonces el arte presentar algo que se halla por encima de la naturaleza sin servirse de medios suprasensibles? ¿Qué clase de fenómeno podrá ser aquel que sería ejecutado por fuerzas naturales (pues, si no, no sería un fenómeno) y, sin embargo, no podría derivarse sin contradicciones de causas físicas? Esa es la tarea: ¿Y cómo la resuelve entonces el artista?

Debemos recordar que los fenómenos que pueden percibirse en un estado de conmoción del ser humano son de dos clases. Pueden ser fenómenos que le sean inherentes como animal y como tales sigan las leyes de la naturaleza, sin que la voluntad humana pueda dominarlos o las fuerzas propias puedan ejercer influencia inmediata alguna. El instinto los genera de modo inmediato y ellos obedecen ciegamente a sus leyes. A estos fenómenos pertenecen, por ejemplo, los mecanismos de la circulación de la sangre, de la respiración así como toda la superficie de la piel. Pero tampoco aquellos mecanismos que están sometidos a la voluntad aguardan siempre a las decisiones de esta; antes bien, a menudo el instinto los pone en movimiento inmediatamente, sobre todo cuando el dolor o el peligro amenazan al estado físico. De esta manera, es evidente que nuestro brazo se halla sometido a la voluntad, pero cuando agarramos, sin saberlo, algo que está caliente, el que retiremos la mano, sin duda, no es una acción volitiva sino llevada a cabo por el instinto. Y aún más. El lenguaje es, sin duda, algo sometido al dominio de la voluntad y, sin embargo, incluso en él puede también el instinto disponer a sus anchas de este mecanismo y obra del entendimiento, sin consultarle antes a la voluntad, cuando nos sorprende un gran dolor o un fuerte arrebato. Dejemos al más contenido de los estoicos advertir de pronto algo extremadamente maravilloso o inopinadamente terrible; dejémosle estar presente en el momento en el que alguien se resbala y está a punto de caer a un abismo, y se le escapará sin querer una exclamación enérgica. No será, desde luego, un simple sonido inarticulado, sino una palabra bien clara, de modo que la *naturaleza* en él habrá actuado antes que la *voluntad*. Este ejemplo sirve de prueba de que se dan fenómenos en el hombre que no pueden adscribírsele a su persona como ser inteligente sino a su instinto como fuerza de la naturaleza.

Pero, *en segundo lugar*, por otro lado se dan también fenómenos en el hombre que están bajo la influencia y bajo el dominio de la voluntad, o al menos que pueden ser observados como fenómenos que la voluntad *podría haber impedido* y de los que, por tanto, es responsable la *persona* y no el *instinto*. Al instinto le corresponde ocuparse con empeño ciego de los intereses de la sensualidad, pero a la persona le corresponde poner coto a los instintos teniendo en cuenta las leyes. El instinto por sí mismo no observa las leyes, pero la persona tiene que preocuparse de que lo prescrito por la razón no se vea perjudicado por ninguna actuación del instinto. Por ello, con toda seguridad no es el instinto por sí solo quien tiene que determinar sin restricciones los fenómenos de conmoción anímica en el ser humano, sino que hay que ponerle límite a través de la voluntad humana. Si el instinto por sí solo determinara estos fenómenos en el ser humano, no quedaría nada que nos pudiera hacer recordar a la persona, y tendríamos ante nosotros simplemente un ser de la naturaleza, o sea, un animal; pues animal significa ser de la naturaleza dominado por los instintos. Si, entonces, tenemos que representar a la persona, deberán manifestarse algunos fenómenos en el ser humano que o bien estén dirigidos contra el instinto, o bien no estén de ningún modo dirigidos por él. Ya el que no estuvieran dirigidos por el instinto sería suficiente para conducirnos a una fuente superior, con sólo darnos cuenta de que el instinto sin duda los habría dirigido de otro modo si no se hubiera roto su poder.

Ahora estamos ya en situación de exponer el modo y manera en que puede ser representada, en medio de un estado de conmoción, la fuerza autónoma y suprasensible del ser humano, su esencia moral. Así, los componentes que obedezcan sólo a la naturaleza y de los cuales la voluntad no pueda disponer o bien nunca, o al menos sólo bajo determinadas circunstancias, son los que revelarán la presencia del sufrimiento. Por el contrario, aquellos componentes que se escapan al poder *ciego* del instinto y no obedecen necesariamente a las leyes de la naturaleza, no mostrarán ninguna o únicamente una mínima huella de ese sufrimiento, pareciendo libres hasta un cierto punto. En esta falta de armonía entre aquellos rasgos grabados en la naturaleza animal, según la ley de la necesidad, y entre los rasgos determinados por el espíritu autosuficiente es donde se reconoce la presencia de un principio suprasensible en el hombre, que puede poner límite a los efectos de la naturaleza y que justamente por eso se revela diferente de la misma. El simple componente animal del hombre sigue a las leyes de la naturaleza y puede mostrarse, debido a ello, sojuzgado por el poder de la conmoción del ánimo. En este componente, por tanto, se revela toda la intensidad del sufrimiento y sirve en cierto modo de medida para valorar la resistencia; pues la intensidad de esta resistencia, o el poder moral del ser humano, solo puede ser juzgada según la intensidad del ataque. Cuanto más decisiva y violentamente se exteriorice la conmoción en el *ámbito de lo animal*, sin que esta pueda, no obstante, imponer su poder en el *ámbito de lo humano*, tanto más reconocible será este último, tanto más gloriosamente se revelará la independencia moral del ser humano, tanto más patética resultará la representación y tanto más sublime el "patós".[1]

En las columnas estatuarias de los antiguos puede advertirse este axioma estético, si bien es difícil conceptualizar y expresar con palabras la impresión que produce esta imagen viva de los sentidos. El grupo de Laoconte y sus hijos es sin duda una buena medida de lo que las artes plásticas de los antiguos fueron capaces de generar. «Laoconte, nos dice Winkelmann en su *Historia del arte* (página 699 de la edición vienesa), es una naturaleza en lo más álgido de su dolor, hecha a imagen de un hombre que busca hacer acopio de la fuerza consciente del espíritu contra sí mismo; y, mientras el sufrimiento dilata sus músculos y tensa sus nervios, el esforzado espíritu salta a la vista en su frente alzada, a la vez que el pecho se ve henchido de un aliento oprimido, que refrena así la expresión de lo sentido, dominando y reprimiendo el dolor que lleva consigo. El desasosegado suspiro que inspira dentro de sí agosta el abdomen, dando forma cóncava a sus costados, lo cual nos permite, por así decirlo, intuir el movimiento de sus entrañas. Sin embargo, el sufrimiento propio parece angustiarlo menos que la desventura de sus hijos, quienes vuelven la mirada hacia su padre pidiendo a gritos auxilio; pues el corazón paterno se revela en sus ojos acongojados, en los que la compasión parece flotar en medio de una turbia neblina. La expresión de su cara es pesarosa, pero no implorante, sus ojos se dirigen buscando

---

[1]. Por ámbito de lo animal entiendo el sistema completo de aquellos fenómenos perceptibles en el ser humano que se hallan bajo el ciego dominio de los instintos naturales y que pueden explicarse perfectamente sin presumir que exista una libertad de la voluntad; por ámbito de lo humano entiendo, por el contrario, aquellos fenómenos que toman sus leyes de la libertad. Y ocurre que si el estado de conmoción *falta* en una representación dentro del ámbito de lo animal, entonces esta nos deja fríos; si, por el contrario, *domina* en el ámbito de lo humano, entonces nos asquea y nos subleva. En el ámbito de lo animal, el estado de conmoción debe permanecer en todo momento sin *diluirse*, pues de otro modo falta lo patético, y sólo en el ámbito de lo humano puede producirse esa disolución. Por eso, un personaje doliente, que se presente quejumbroso y lastimero, será poco conmovedor, pues las quejas y las lágrimas lo que hacen es diluir el dolor en el ámbito de lo animal. Mucho más poderosamente nos afecta ese dolor obstinado, sordo, para el que no hallamos paliativo en la *naturaleza*, obligándonos a buscar nuestro refugio más allá de esta. Y justamente en esta remisión a lo suprasensible residen el "patós" y la fuerza trágica.

el amparo divino. La boca está llena de congoja y el labio inferior se hunde bajo el peso de esta. Sin embargo, en el labio superior, remangado hacia arriba, la congoja se mezcla con el dolor, el cual, turbado por un enojo que parece causado por un sufrimiento inmerecido e indigno, sube hasta la nariz, la hincha y se manifiesta en sus aletas dilatadas. Bajo la frente, la lucha entre el dolor y la resistencia, que parecen reunidos en un solo punto, está ejecutada con gran autenticidad; pues mientras el dolor enarca las cejas, la oposición al mismo impele hacia abajo la carne que hay por encima de los ojos, que presiona sobre los párpados superiores, pasándoles por encima y casi cubriéndolos. El artista intenta así mostrar de una manera más desenvuelta, afanosa y poderosa esa naturaleza que no puede embellecer; allí donde se ha ubicado el dolor más intenso, es donde se muestra también la mayor belleza. El costado izquierdo, en el que la serpiente inocula su veneno con una mordedura furibunda, es el que, por la cercanía del corazón, parece sufrir más virulentamente. Sus piernas parecen alzarse para huir a su mal; nada en él está en calma, y los golpes de cincel llegan incluso a transmitir la existencia de una piel espantada.» ¡Qué fina y auténticamente está glosada esta descripción de la lucha de la inteligencia con el sufrimiento de la naturaleza sensible, y qué acertadamente son revelados los fenómenos en los que se presentan las naturalezas humana y animal, la coerción de la naturaleza y la libertad de la razón! Es bien conocido que Virgilio relató la misma escena en su *Eneida*, pero el poeta épico no tenía planeado detenerse en el estado anímico de Laoconte, tal y como tuvo que hacerlo el escultor. En Virgilio, toda esta narración es algo secundario, y el propósito perseguido se alcanza sobradamente por medio de la simple representación de lo físico, sin que al poeta le sea necesario hacernos mirar en el interior del alma del doliente; pues no quiere movernos a la compasión, sino sobrecogernos de horror. Y es que el deber del poeta era, en este sentido, únicamente negativo, esto es, no llevar la representación de la naturaleza doliente tan lejos que se perdiera con ello cualquier atisbo de humanidad o de resistencia moral, dado que, de otro modo, hubieran surgido sentimientos de ira y aversión. Por ello, prefirió limitarse a representar la *causa* del dolor, por lo que le pareció bien extenderse más detalladamente en la horridez de las dos serpientes y en la cólera con la que se enroscan alrededor de la víctima de su matanza antes que en los sentimientos de esta última. De hecho, pasa rápidamente por ellos, porque su intención tuvo que ser obtener la imagen no mitigada de un juicio divino junto con la impresión del horror. Si, por el contrario, nos hubiera hecho saber de la persona de Laoconte tanto como el escultor, en tal caso el héroe de la acción no hubiera sido ya la divinidad justiciera sino el ser humano doliente, y el episodio habría perdido su función dentro del todo de la obra.

Conocemos la narración de Virgilio gracias al magnífico comentario escrito por Lessing. Sin embargo, el propósito con el cual Lessing lo escribió fue simplemente ejemplificar los límites entre las representaciones poética y pictórica, y no para desarrollar a partir de ahí el concepto de lo patético. No obstante, a mí me parece que para esta última meta no deja de ser útil; permítaseme, por tanto, repasar la narración de nuevo en este sentido.

> Ecce autem gemini Tenedo tranquilla per alta
> (horresco referens) immensis orbibus angues
> incumbunt pelago, pariterque ad littora tendunt.
> Pectora quorum inter fluctus arrecta, jubaeque
> sanguineae exsuperant undas, pars caetera pontum
> pone legit, sinuatque immensa volumine terga.
> Fit sonitus spumante salo, jamque arva tenebant,
> ardenteis oculos suffecti sanguine et igni,
> sibila lambebant linguis vibrantibus ora.[2]

La primera de las tres condiciones expuestas anteriormente referentes a lo sublime de este poder se da también aquí; esto es, una

---

2. He aquí que desde Tenedos, a través de la tranquila superficie del mar/(me horrorizo al narrarlo) dos serpientes se tienden con inmensos anillos/sobre el piélago y a un tiempo se dirigen a la orilla./Sus pechos erguidos en medio del oleaje y sus crestas sanguíneas sobresalen por encima de las olas, el resto de su cuerpo/por detrás recorre el mar y enroscándose arquea sus inmensos lomos./En las aguas espumeantes se produce un chapoteo. Y ya habían alcanzado la ribera/y con sus ojos ardientes inyectados de sangre y fuego/lamían con sus lenguas vibrantes sus silbantes bocas (*La Eneida*, vv. 203-211, trad. d. Mª del Dulce Nombre Estefanía, en Bruguera, 1984).

fuerza de la naturaleza poderosa, armada para destruir y que se burla de toda resistencia. Pero que, a su vez, este ente poderoso se vuelva temible y lo temible sublime descansa en dos operaciones del ánimo distintas, en dos percepciones que generamos nosotros mismos interiormente. Así, mientras que, *en primer lugar*, confrontamos esa irresistible fuerza de la naturaleza con la débil capacidad de resistencia del ser humano físico, reconocemos a esa fuerza como temible; y mientras que, *en segundo lugar*, nos remitimos a nuestra voluntad tomando conciencia de su absoluta independencia frente a todo influjo de la naturaleza, esa naturaleza se convierte en una instancia sublime. En todo caso, estas dos relaciones las tenemos que componer nosotros mismos: el poeta no nos ha dado sino un objeto con un gran poder, que aspira a expresar. Si temblamos ante él, sucede únicamente porque nos imaginamos a nosotros mismos o a una criatura similar en lucha con él. Si nos sentimos sublimes temblando, es porque nos hacemos conscientes de que, ni siquiera siendo nosotros mismos víctimas de ese poder, tendríamos nada que temer gracias a nuestro yo libre, a la autonomía de las decisiones de nuestra voluntad. En pocas palabras, la representación hasta este punto es únicamente sublime-contemplativa.

> Diffugimus visu exsangues, illi agmine certo
> Laooconta petunt.[3]

Ahora lo poderoso se *expone* al mismo tiempo como *temible*, de manera que lo sublime-contemplativo se transforma en patético. Lo vemos realmente entrar en liza con el desvalimiento del ser humano. Que sea Laoconte o nosotros sólo influye en la intensidad. El impulso simpatético despierta, espantándolo, al instinto de conservación, los monstruos desatan su ataque sobre nosotros, y toda huida es en vano.

Ya no depende de nosotros el que podamos medir ese poder con el nuestro y confrontarlo con nuestra existencia. Eso es algo que sucede

---

3. Ante aquella visión huimos exangües. Ellas, siguiendo una trayectoria fija,/se dirigen a Laocoonte (*ibid*. Vv. 212-213).

sin nuestro concurso en el propio motivo. Nuestro miedo, por tanto, ya no tiene una causa subjetiva en nuestro ánimo, como sucedía en el momento previo, sino una causa objetiva en el motivo. Pues, en cuanto reconocemos el todo como una ficción de la imaginación, diferenciamos sin duda una idea que nos viene dada desde fuera de otra generada por nosotros mismos en nuestro interior.

El espíritu pierde de este modo una parte de su libertad, pues recibe del exterior lo que antes había generado con su propia actividad. La percepción del peligro tiene una apariencia de realidad objetiva y el estado de conmoción se agrava.

Si no fuéramos más que seres sensibles, que sólo se guían por el instinto de conservación, llegados aquí permaneceríamos en silencio, perseverando en el estado de simple sufrimiento. Pero hay algo en nosotros que no toma parte en estos estados de la naturaleza sensible y cuya actividad no se rige por condición física alguna. Y dependiendo de que este principio autónomo (el mecanismo moral) se haya desarrollado en el espíritu, a la naturaleza doliente le quedará más o menos espacio y más o menos capacidad de actuación durante el estado de conmoción.

En los espíritus morales, lo temible (de la imaginación) se transforma rápida y fácilmente en lo sublime. De igual manera que la imaginación pierde su libertad, la razón hace prevalecer la suya; y el ánimo *únicamente se va ensanchando hacia el interior cuanto más límites halle hacia el exterior*. Expulsados de todos los parapetos que pueden proporcionarle una protección física al ser sensible, nos arrojamos al inexpugnable castillo de nuestra libertad moral, y justo con ello adquirimos una seguridad absoluta y eterna a cambio de dar por perdida una protección precaria y meramente formal en el campo de las cosas aparentes. Pero precisamente porque hay que llegar a estas aflicciones de orden físico antes de que podamos buscar ayuda en nuestra naturaleza moral, no podemos lograr este caro sentimiento de libertad más que con sufrimiento. El alma vulgar no hace más que permanecer estática durante este sufrimiento y, en lo sublime del "patós", no siente más que lo temible; un espíritu autónomo, por el contrario, emprende la transformación de este sufrimiento en el sentimiento de la potestad más vigorosa y admirable, sabiendo siempre generar algo sublime a partir de lo temible.

Laocoonta petunt, ac primum parva duorum
corpora gnatorum serpens amplexus uterque
implicat, ac miseros morsu depascitur artus.[4]

Influye mucho que sea el ser humano moral (el padre), más que el físico, el asaltado. Toda conmoción es más estética cuando procede de la experiencia de otro y ninguna simpatía es mayor que la que sentimos simpatéticamente.

Post ipsum, auxilio subeuntem ac tela ferentem
corripiunt.[5]

Por fin ha llegado el momento de hacernos ver que el héroe es una persona moral, y el poeta ha aprovechado ese momento. A través de su descripción conocemos todo el poder y la furia de las monstruosas criaturas enemigas, y sabemos cuán inútil es toda resistencia. En esta situación, si Laocoonte hubiera sido un ser humano vulgar, se hubiera apercibido de sus ventajas y, al igual que el resto de los troyanos, habría buscado su salvación huyendo rápidamente. Pero un corazón late en su pecho, y el peligro que corren sus hijos le retiene para su propia perdición. Ya sólo este rasgo le hace merecedor de toda nuestra compasión. Indiferentemente del momento en que las serpientes lo hubiesen atrapado, nos habría conmovido y conmocionado. Pero como sucede justo en ese momento en el que lo reconocemos como padre; como su ruina se nos muestra, en cierto modo, como consecuencia inmediata del cumplimiento de sus deberes paternos, de sus tiernos desvelos por sus hijos, todo ello hace que la llama de nuestro concurso se eleve a lo más alto. Es él mismo, por así decirlo, quien elige libremente su perdición, convirtiendo su muerte en un acto voluntario.

---

4. ...se dirigen a Laocoonte, y primero ambas serpientes / rodeando los pequeños cuerpos de sus dos hijos / se enroscan y devoran con su mordisco sus míseros miembros; (*ibid*. Vv. 213-215).
5. A continuación se apoderan del propio Laocoonte, que acude precipitadamente en ayuda de aquellos con las flechas en la mano (*ibid*. Vv. 216-217).

En el "patós", por tanto, los sentidos deben estar imbuidos siempre de sufrimiento, y el espíritu de libertad. Si a una representación patética le falta la expresión de la naturaleza doliente, entonces está carente de fuerza *estética*, y nuestro corazón permanece frío. Si le falta la expresión de su carácter moral, entonces, por mucha fuerza sensible que tenga, nunca podrá ser *patética*, e indefectiblemente hará sublevarse a nuestras sensaciones. De la libertad plena del ánimo debe traslucirse siempre el ser humano doliente, de todo sufrimiento de la humanidad el espíritu autónomo o capaz de serlo.

Esa autonomía del espíritu que está inmerso en un estado de sufrimiento puede revelarse de dos maneras distintas. O bien *negativamente*, cuando el ser humano moral no recibe norma alguna por parte del físico, y el *estado* no es causa de la *actitud*; o bien *positivamente*, cuando el ser humano moral *impone* su ley al físico, de modo que ese estado sí es causa de la actitud. De la primera posibilidad brota lo sublime de la *templanza*; de la segunda lo sublime de la *acción*.

Un carácter sublime en su templanza es todo aquel que es independiente del destino. «Un espíritu valiente, en lucha con la adversidad, dice Séneca, es un espectáculo atrayente incluso para los dioses.» Una visión semejante nos la proporciona el Senado Romano después de la catástrofe de Canas. Incluso cuando el Lucifer de Milton echa un vistazo a su alrededor por primera vez en el infierno, su residencia futura, nos traspasa un sentimiento de admiración por su entereza de ánimo. «Horrores, yo os saludo, exclama, y a ti, mundo subterráneo, y a ti, infierno profundo. Recibid a vuestro nuevo huésped. Él viene a vosotros con un ánimo que no pretende transformar el tiempo ni el lugar. En ese ánimo habita. Y eso le hará crearse un cielo en el mismísimo infierno. Aquí por fin somos libres...» La respuesta de Medea en la tragedia pertenece a la misma clase.

Lo sublime de la templanza puede *verse*, pues descansa en la coexistencia; lo sublime de la acción, por el contrario, sólo puede *pensarse*, pues descansa en la sucesión, y es necesario el entendimiento para deducir que el sufrimiento parte de una decisión libre. Por eso, sólo la primera posibilidad es factible para el artista plástico, pues este sólo puede representar con fortuna lo coexistente; el poeta, sin embargo, puede extenderse por ambas posibilidades. Debido a ello, cuando el artista plástico tiene que representar una acción sublime, debe transformarla en un estado de templanza sublime.

De lo sublime de la acción se exige que el sufrimiento del ser humano no sólo no ejerza influencia alguna sobre su cualidad moral sino que, antes al contrario, sea la obra de su carácter moral. Esto puede suceder de dos maneras. Por un lado, de modo mediato y según la ley de la libertad, cuando este ser humano, en cumplimiento de algún deber, *escoge* el sufrimiento. En este caso, la noción de este deber le determina moralmente como *causa*, y su sufrimiento es una *acción voluntaria*. Por otro lado, de modo inmediato y según la ley de la necesidad, cuando este ser *expía* el incumplimiento de un deber. En este caso, la noción de este deber le determina como *poder* y su sufrimiento es simplemente un *efecto*. Un ejemplo de la primera posibilidad nos lo da Régulo, cuando, para mantener su palabra, se entrega a la sed de venganza de los cartagineses. Un ejemplo de la segunda posibilidad nos lo hubiera servido el mismo personaje si hubiera roto su palabra y la conciencia de esta culpa le hubiera hecho desgraciado. En ambos casos, el sufrimiento tiene una base moral, con la única diferencia de que Régulo nos muestra en el primer caso su carácter moral y en el segundo sólo que ese carácter está determinado. En el primer caso aparece como un personaje moralmente notable, en el segundo meramente como un objeto estéticamente notable.

Esta última diferencia es importante para el arte trágico y, por ello, merece ser debatida con mayor detalle.

En la apreciación estética, aquel ser humano que nos muestre lo digno de esa determinación moral a través de su *estado* se convierte en un objeto sublime, suponiendo, eso sí, que no tuviéramos que encontrar ya presente tal determinación en su *persona*. Sublime en la apreciación moral se vuelve sólo cuando, al mismo tiempo, se comporta como persona conforme a esa determinación, cuando nuestro respeto se refiere no únicamente a sus facultades, sino al uso de esas facultades, cuando la dignidad le corresponde no simplemente a su carácter, sino a su verdadera conducta. Es muy distinto que, en nuestro juicio, prestemos nuestra atención a la facultad moral en sí y a la posibilidad de una libertad absoluta de la voluntad a que se la prestemos al uso de esa facultad y a la existencia efectiva de esa libertad absoluta de la voluntad.

Es muy distinto, digo, y esta diferencia no radica únicamente en los objetos juzgados, sino que radica en la manera diferente de juzgar. El mismo objeto puede desagradarnos en la valoración moral y sernos muy atrayente en la estética. Pero si nos satisface en ambas instancias del enjuiciamiento, lo hace en cada una de muy diversas maneras. Ese objeto se hace, por ser estéticamente aprovechable, moralmente insatisfactorio; y, por satisfacer moralmente, ser vuelve estéticamente no aprovechable.

Estoy pensando, por ejemplo, en el autosacrificio de Leónidas en las Termópilas. Juzgada moralmente, para mí esta acción, consumada en contradicción con los instintos, representa la ley moral; juzgada estéticamente, para mí esta acción representa la facultad moral, independiente de toda coerción de los instintos. Es una acción que *satisface* a mi sentido moral (a la razón) y *fascina* a mi sentido estético (la imaginación).

De esta diferencia en mis percepciones respecto a un mismo objeto, deduzco la fundamentación que expongo a continuación.

Al igual que nuestro ser se divide en dos principios o naturalezas, del mismo modo y conforme a ellos se dividen nuestros sentimientos en dos géneros muy distintos. Como seres racionales experimentamos aprobación o desaprobación; como seres sensibles experimentamos placer o desagrado. Ambos sentimientos, el de la aprobación y el del placer, están basados en una satisfacción. El primero en la satisfacción de una *pretensión*: pues la razón simplemente *exige*, pero no *precisa* de nada; el segundo en la satisfacción de un *deseo*: pues los sentidos simplemente *precisan*, y no pueden exigir. Las exigencias de la razón y las urgencias de los sentidos se comportan recíprocamente como la necesidad a la carestía, y por tanto ambos conceptos están subsumidos bajo el de la *Necessität*,[6] con la sola diferencia de que la *Necessität* de la razón acaece sin condiciones y la *Necessität* de los sentidos acaece únicamente bajo condiciones determinadas. Sin

---

6. Aquí Schiller parece querer adoptar este vocablo del francés, adaptándolo morfológicamente al alemán, para crear un hiperónimo de los términos traducidos en este texto como «exigencias» (*Foderungen*, así en el original) y «urgencias» (*Bedürfnisse*). Hemos preferido dejar la voz original, pues consideramos que no existe un equivalente en español que exprese la relación conceptual sugerida en este contexto (n. de los t.).

embargo, en ambos casos la satisfacción es casual. Todo sentimiento, ya sea de placer o de aprobación, está, por tanto, basado en último término en la coincidencia de lo casual con lo necesario. Si lo necesario es un imperativo, se experimentará aprobación; si es una carestía, se experimentará placer. En ambos casos, en un grado tanto más intenso cuanto más casual sea la satisfacción.

Así pues, en todo enjuiciamiento moral, una exigencia de la razón es la base para que se actúe moralmente, concurriendo la necesidad incondicional de que queremos lo que es justo. Pero como la voluntad es libre, es (físicamente) casual el que realmente lo hagamos. En caso de que lo hagamos realmente, ese concierto de la casualidad en el uso de la libertad con el imperativo de la razón obtiene aquiescencia o aprobación, y aún en mayor medida cuando el conflicto de las inclinaciones sensibles hace más casual e incierto este uso de la libertad.

Por el contrario, en la valoración estética, el objeto se relaciona con *las urgencias de la imaginación*, que no pueden *imponer*, sino únicamente *aspirar* a que lo casual coincida con sus intereses. Pero lo que le interesa a la imaginación es seguir recreándose *libre de leyes*. A esta propensión a desvincularse le es favorable el compromiso moral de la voluntad, por medio del cual a esta última se le impone su objeto del modo más estricto; y dado que ese compromiso moral de la voluntad es el objeto del juicio moral, es fácil darse cuenta de que en un juicio así la imaginación no puede encontrar su sitio. Pero un compromiso moral de la voluntad sólo puede conjeturarse bajo la premisa de su absoluta independencia respecto a la coerción de los instintos naturales; la *posibilidad* de lo moral implica por tanto libertad y, consecuentemente, concuerda aquí de la forma más perfecta con los intereses de la fantasía. Pero dado que la fantasía no puede prescribir por medio de sus urgencias tal y como la razón prescribe a la voluntad del individuo por medio de su imperativo, entonces la facultad de la libertad, unida a la fantasía, es algo casual y por ello debe despertar placer en tanto en cuanto coincide lo casual con lo (de modo condicional) necesario. Así que si juzgamos aquel acto de Leónidas *moralmente*, lo observamos desde un punto de vista en el que nos llama menos la atención su carácter casual que su necesidad. Si, por el contrario, lo juzgamos *estéticamente*, lo observamos desde un punto de vista en el que se nos representa no tanto su necesidad como su carácter casual. Es un *deber* para toda voluntad actuar así en tanto que es una voluntad libre; pero el que, al fin y al cabo, exista una libertad de la voluntad que haga posible actuar así es un *favor* de la naturaleza en consideración hacia aquella facultad, para la cual la libertad constituye una urgencia. De modo que si el sentido moral, la razón, juzga una acción como virtuosa, aprobación es lo máximo que puede alcanzarse; pues la razón nunca puede hallar *más* de lo que exige, y sólo raramente *tanto* como ella exige. Si, por el contrario, la misma acción es juzgada por el sentido estético, la imaginación, entonces se alcanza un placer positivo, pues la imaginación jamás podrá exigir conformidad con sus urgencias, de manera que puede verse sorprendida, como una casualidad afortunada, por la auténtica satisfacción de estas. El hecho de que Leónidas *tomara verdaderamente* esa decisión heroica es algo que aprobamos; el hecho de que *pudiera* tomarla es algo que nos regocija, y con ello quedamos fascinados.

La diferencia entre ambos tipos de enjuiciamiento salta a la vista aún más claramente cuando, como fundamento, se nos presenta una acción acerca de la cual los juicios moral y estético sancionan de modo distinto. Un ejemplo sería la autocremación de Peregrino, luego llamado Proteo, en Olimpia. Juzgándola moralmente, no puedo aprobar la acción, pues en ella descubro la influencia de estímulos impuros, que hacen descuidar el *deber* de la conservación. Sin embargo, juzgada estéticamente, esta acción me gusta, y me gusta porque pone de manifiesto una facultad de la voluntad que se opone incluso al más poderoso de todos los instintos, el instinto de la conservación. Ya fuera una actitud puramente moral o un estímulo sensible más poderoso lo que sofocara el instinto de conservación de este diletante, eso es algo a lo que no le presto atención en la valoración estética, en la cual yo abandono al individuo, me abstraigo de la relación entre *su* voluntad y las leyes que rigen la volición, y me formo una idea de la voluntad humana como facultad de la especie en relación con toda la fuerza de la naturaleza. Se ha visto que en la valoración moral el instinto de conservación se planteaba como un *deber*, y por ello su incumplimiento era un agravio; en la valoración estética, por el contrario, era visto como un *interés*, y por ello descuidarlo gustaba. En este último tipo de enjuiciamiento realizamos, por tanto, la operación inversa a la efectuada en el primero. En él, el moral, oponemos el individuo condicionado sensitivamente y la voluntad afectada patológicamente a las leyes absolutas de la volición y al deber infinito del espíritu; en el segundo, el de tipo estético, oponemos por el contrario la *facultad* absoluta de la voluntad y el *poder* infinito del espíritu a la coerción de la naturaleza y a las barreras de la sensualidad. Y así es que el juicio estético nos libera, nos anima y entusiasma, pues nos hallamos de antemano en ventaja momentánea frente a la sensualidad por medio de la simple capacidad de querer de manera absoluta, por medio de la simple disposición hacia lo moral; pues la sola posibilidad de renunciar a la coerción de la naturaleza halaga a nuestras urgencias de libertad. Y así es que el juicio moral nos condiciona y nos humilla, pues nos hallamos más o menos en desventaja en todo acto volitivo específico contra las leyes absolutas de la volición, y a través de la limitación de la voluntad a una única manera de imposición, exigida decididamente por el deber, se contradice a los impulsos de libertad de la fantasía. En el juicio estético ascendemos oscilantes de lo real a lo posible, del individuo a la especie; en el moral, por el contrario, descendemos de lo posible a lo real, y confinamos a la especie dentro de los límites del individuo. Por todo ello no es nada extraño que en los juicios estéticos nos sintamos acrecentados; en los morales, por el contrario, aprisionados y atados.[7]

---

7. Haciendo un paréntesis, quiero recordar que esta disociación nos esclarece lo dispar que es la impresión estética que, en sus diversos enjuiciadores, suele provocar la idea kantiana del deber. Una parte nada despreciable del público encuentra esta idea del deber muy humillante; otra parte la encuentra infinitamente edificante para el corazón. Ambas tienen razón, y el motivo de esta contradicción radica únicamente en los puntos de vista dispares a partir de los cuales las dos partes observan el objeto. Indudablemente, cumplir los deberes propios no tiene nada de grande, y mientras que lo máximo que seamos capaces de hacer no sea más que cumplir nuestro deber, a veces incluso con carencias, ni en la más alta de las virtudes habrá nada de fascinante. Pero, sin embargo, cumplir los deberes propios de manera fiel y perseverante a pesar de todas las barreras que pone la naturaleza sensible, y seguir de modo inquebrantable, aun encadenados por la materia, la ley sagrada del espíritu sí que es algo indudablemente edificante y digno de admiración. Que nuestra virtud adopte una postura contraria al mundo espiritual no tiene por supuesto nada de meritorio, y por mucho que queramos recrearnos en ello seremos siempre unos inútiles; que, por el contrario, adopte una postura contraria al mundo de los sentidos la hace un objeto tanto más elevado. Así, en la medida en que juzguemos las acciones moralmente y nos remitamos a la ley moral, tendremos pocos motivos para estar orgullosos de nuestra moralidad; pero en la medida en que nos planteemos la posibilidad de esas acciones y relacionemos las facultades de nuestro ánimo, bases de aquellas, con el mundo de los fenómenos, es decir, en tanto en cuanto juzguemos estéticamente, puede permitírsenos un cierto amor propio, que incluso es necesario, pues descubrimos en nosotros un principio incomparable.

De todo esto se desprende que los enjuiciamientos moral y estético, muy lejos de servirse de apoyo el uno al otro, más bien se estorban mutuamente, porque le confieren al ánimo dos direcciones opuestas; pues la ley de la razón que la misma razón exige como jueza moral no casa con la desvinculación a la que aspira la imaginación como jueza estética. Justamente por eso, un objeto será estéticamente menos útil en cuanto que adquiera la cualificación de moral, y si, no obstante, el poeta tuviera que escogerlo, haría bien en tratarlo de modo que nuestra fantasía nos remitiera a las *facultades* de la voluntad antes que la razón nos remitiera a las reglas de esa *voluntad*. El poeta mismo es la causa de que él tenga que tomar ese camino, pues con nuestra libertad su reino llega a su fin. Únicamente mientras miremos fuera de nosotros somos *suyos*; él nos habrá perdido tan pronto nos concentremos en nuestro interior. Esto es algo que sucede irremediablemente tan pronto como un objeto deja de *ser observado como un fenómeno propio* y se convierte en una *ley por encima de nosotros*.

Ni siquiera de las más sublimes expresiones de la virtud puede sacar provecho el poeta para sus propósitos, más que de lo que en ellas haya de *fuerza*. Por la orientación de esa fuerza no tiene que preocuparse. El poeta, por mucho que exponga antes nosotros los modelos morales más perfectos, no tiene otra meta, *y no puede tener otra*, que deleitarnos con la observación de aquellos. Ahora bien, sucede que sólo puede deleitarnos aquello que mejora a nuestro yo; y nada puede deleitarnos espiritualmente salvo aquello que acrecienta nuestras facultades espirituales. Pero, ¿cómo pueden los deberes de otro mejorar a *nuestro* yo y acrecentar nuestra fuerza espiritual? El hecho de que aquel cumpla *verdaderamente* con su deber depende del uso casual que él haga de su libertad; y ese uso, justamente por ello, a *nosotros* no puede demostrarnos nada. Lo único que compartimos con él es la *facultad* de un sentido del deber similar, de modo que percibiendo nuestra facultad en la suya es como acrecentamos nuestra fuerza espiritual. Por tanto, simplemente la práctica auténtica de una voluntad absolutamente libre, que se presenta como posibilidad, es lo que gusta a nuestro sentido estético.

Aún más se convencerá uno de esto al reflexionar qué poco depende de su *realidad histórica* la fuerza poética de la impresión que nos causan caracteres o acciones morales. Nuestro agrado por los caracteres ideales no sufre en nada con el recuerdo de que son ficciones poéticas, pues es en la verdad *poética*, y no en la histórica, en la que se basa todo efecto estético. Y la verdad poética no consiste en que algo haya sucedido realmente, sino en que pudo suceder, o sea, en la posibilidad intrínseca del asunto. La fuerza poética, por tanto, debe radicar en la posibilidad presentada.

Incluso en acontecimientos reales de personajes históricos, lo poético no es la existencia sino la facultad que se anuncia por medio de esa existencia. Es cierto que la circunstancia de que estos personajes vivieran realmente y de que estos acontecimientos tuvieran lugar realmente puede acrecentar muy a menudo nuestro goce, pero como un añadido extraño que perjudica a la impresión poética más que favorecerla. Durante mucho tiempo se ha creído que se le rendía un servicio a la poética de nuestra patria al recomendar a los poetas que adaptaran temas nacionales. Es así, se decía, como la poesía griega se hizo tan arrebatadora para el corazón, pues dibujaba escenas domésticas e inmortalizaba hechos domésticos. No puede negarse que la poesía de los antiguos, dadas estas circunstancias, provocaba unos efectos de los que la poesía moderna no puede gloriarse: pero, ¿pertenecían estos efectos al arte y al poeta? ¡Ay del genio artístico griego si no superara al genio de los modernos nada más que en esta ventaja casual, y ay del gusto artístico griego si hubiera tenido que ser adquirido a través de esas cuestiones históricas en las obras de sus poetas! Sólo un gusto bárbaro necesita el aguijón del interés privado para ser atraído por la belleza, y sólo el ignorante obtiene del tema una fuerza que es incapaz de ubicar en la forma. La poesía no debe recorrer su camino por la fría región de la memoria, jamás debe hacer de la erudición su intérprete, jamás del interés personal su portavoz. La poesía debe acertar en el corazón, pues de él emanó, y no apuntar nunca al ciudadano que hay en el ser humano, sino al ser humano que hay en el ciudadano.

Es una suerte que el genio auténtico no haga mucho caso de las indicaciones que se afanan en hacerle, dicho suavemente, a modo de autorización. De otro modo, Sulzer y sus sucesores le habrían conferido a la poesía alemana una forma muy ambigua. Educar moralmente al ser humano y despertar sentimientos nacionales en el ciudadano no dejan de ser un encargo honrosísimo para el poeta, y las musas saben mejor que nadie qué relación tan cercana pueden guardar con ello las artes de lo sublime y lo bello. Pero aquello que hace insuperable a la poesía de manera mediata, de manera inmediata le daría muy mal resultado. La poesía no desarrolla a propósito del ser humano ninguna tarea particular, de modo que no podría escogerse una herramienta más inadecuada para ver llegar a buen término alguna tarea aislada, algún detalle. Su radio de influencia es la totalidad de la naturaleza humana, y sólo en tanto en cuanto se introduce en el carácter puede ejercer influencia en efectos aislados. La poesía puede llegar a ser para el ser humano lo que el amor es para el héroe. No puede ni aconsejarle, ni luchar junto a él, ni hacer por él ningún otro trabajo; pero puede educarle haciéndole un héroe, llamarle a actuar y armarle con su fuerza para todo aquello que él está llamado a ser.

La fuerza estética con la que nos atrapa lo sublime del carácter y de la acción no descansa, por tanto, de ninguna manera en el interés de la razón en que se *actúe* rectamente, sino en el interés de la imaginación en que ese actuar rectamente *sea posible*, o sea, en que ninguna sensación, por poderosa que pueda ser, tenga la facultad de sojuzgar la libertad del ánimo. Sin embargo, esta posibilidad radica en toda expresión vigorosa de libertad y fuerza de voluntad, y allá donde el poeta las halle habrá encontrado un objeto a propósito para su representación. Para *sus* intereses da igual que elija a su héroe de entre caracteres buenos o malos, pues la misma cantidad de fuerza que es necesaria para lo bueno puede, consecuentemente, ser exigida muy a menudo en lo malo. Cuánto más nos fijemos, dentro de los juicios estéticos, en la fuerza antes que en la dirección de esa fuerza, cuánto más en la libertad que en la ley racional, se hará suficientemente manifiesto que preferimos ver expresadas la fuerza y la libertad a costa de la ley racional antes que ver respetada la ley racional a costa de la fuerza y de la libertad. Y es que en cuanto surgen casos en los que la ley moral se asocia con impulsos que amenazan arrastrar a la voluntad con su poder, el carácter mejora en el aspecto estético si puede resistirse a esos impulsos. Un ser pervertido comienza a interesarnos en cuanto que deba arriesgar su vida y su fortuna para imponer su voluntad vil; un virtuoso, por el contrario, pierde interés para nosotros, bajo las mismas circunstancias, cuando su felicidad le obliga a un buen comportamiento. La venganza, por ejemplo, es indiscutiblemente un estado afectivo innoble e indigno; y no por ello se volverá menos estético en el momento en que esa venganza le cueste a aquel que se la toma un sacrificio doloroso. Medea, al asesinar a sus hijos, apunta con esa acción al corazón de Jasón, pero al mismo tiempo le asesta una puñalada dolorosa al suyo propio, y así, tan pronto reconocemos a la delicada madre, su venganza se hace estéticamente sublime.

El juicio estético encierra aquí más verdad de lo que comúnmente se cree. Es evidente que los vicios reveladores de una voluntad enérgica anuncian una mayor disposición hacia la auténtica libertad moral que las virtudes que buscan amparo ante esas inclinaciones, pues al perverso consecuente le basta con una única victoria sobre sí mismo, con un giro en sus máximas, para dirigir hacia el bien toda la actuación consecuente y toda la disposición de la voluntad que había dilapidado en el mal. ¿Cómo sucede si no que rechacemos con aversión al carácter tibiamente bueno y sigamos a menudo al especialmente malvado con una admiración palpitante? Innegablemente es así porque de aquel no esperamos la posibilidad de la voluntad absolutamente libre; de este, por el contrario, percibimos en cada expresión que, con un solo acto de la voluntad, puede tomar el camino de la dignidad íntegra de la humanidad.

En los juicios estéticos, por tanto, no estamos interesados por la moralidad en sí sino únicamente por la libertad, y aquella sólo puede gustar a nuestra imaginación en tanto en cuanto haga visible a esta última. Por ello, es una confusión manifiesta al establecer límites el exigir conveniencia moral en asuntos estéticos y, con el fin de ampliar el imperio de la razón, querer desalojar a la imaginación del ámbito que le corresponde. Pues, o habrá que someterla por completo, y ello sucederá a costa de todo efecto estético; o tendrá que compartir su reino con la razón, y con ello probablemente la moralidad no habrá ganado mucho. Al perseguir dos metas distintas, se corre el riesgo de errar en ambas: se encadenará la libertad de la fantasía con la conveniencia moral y se destruirá la necesidad de la razón con la arbitrariedad de la fantasía.

REFLEXIONES SOBRE EL USO DE LO VULGAR Y LO INDIGNO EN EL ARTE (1793)

Vulgar es todo aquello que no atañe al *intelecto* y que no despierta otro interés que no sea el sensible. Realmente, hay mil cosas que sólo por sus temas o contenidos son vulgares, pero, puesto que lo vulgar de los temas puede verse ennoblecido según cómo se trate, en el arte sólo se puede hablar de lo vulgar en la forma. Una mente vulgar deshonrará el tema más noble que exista con un tratamiento *vulgar*; una mente amplia y un espíritu noble, por el contrario, sabrán sublimar incluso lo vulgar enlazándolo con algo intelectual y descubriendo en ello un lado notable. De este modo, un historiador de perfil menor nos informará acerca de las acciones más insignificantes de un héroe tan detalladamente como de sus actos más sublimes, y se entretendrá tanto tiempo en su linaje, en sus vestimentas y en su dinastía como en sus proyectos y empresas; y narrará sus hazañas de manera que nadie vea en ellas lo que son. Contrariamente, un historiador de valía y de riqueza espiritual propia conferirá un valor y un interés tales a la vida privada y a las acciones más irrelevantes de su héroe que harán a estas importantes. Un gusto vulgar en las artes plásticas lo tienen los pintores neerlandeses, un gusto noble y superior lo han mostrado los italianos, y aún más los griegos. Estos últimos tendieron siempre hacia el ideal, desecharon cualquier rasgo vulgar y tampoco eligieron nunca un tema vulgar.

Un retratista puede tratar su objeto de modo *vulgar* o *notable*. Lo hace con *vulgaridad* cuando representa lo *casual* tan detalladamente como lo necesario, cuando desatiende lo notable y expone lo menor con detalle. Lo hace de manera notable cuando sabe sacar a la luz lo más *interesante*, distingue lo casual de lo necesario, hace alusión a lo menor únicamente, pero expone lo superior. Lo *notable*, en todo caso, no es sino el reflejo del alma en las acciones, los gestos y las posturas.

Un poeta trata sus temas insustancialmente cuando representa acciones irrelevantes y pasa fugazmente por las importantes. Los trata de manera notable justamente cuando los asocia con lo notable. Homero supo tratar muy ingeniosamente el escudo de Aquiles, aunque la fabricación de un escudo sea, conforme al contenido, algo vulgar.

En un nivel por debajo de lo vulgar se encuentra lo *indigno*, que se diferencia del concepto anterior en que no es simplemente algo *negativo*, en que no es simplemente la carencia de lo ingenioso y lo noble, sino que muestra algo *positivo*, en concreto, rudeza en los sentimientos, malos hábitos y actitudes despreciativas. Lo vulgar evidencia simplemente la falta de algún atractivo que se echa de menos, lo indigno la carencia de una propiedad que cualquiera puede exigir. De tal manera, por ejemplo, la venganza en sí misma, allá donde surja y sea el que sea el modo en el que se exteriorice, es algo vulgar, pues demuestra carencia de espíritu noble. Pero, aún más, se puede diferenciar especialmente una venganza *indigna*, cuando el ser humano que la lleva a cabo se sirve de medios despreciables para satisfacerla. Lo indigno designa siempre algo tosco y plebeyo; vulgarmente, por el contrario, puede actuar y pensar también, si posee facultades mediocres, un ser humano de buena cuna y mejores hábitos. Un ser humano actúa *vulgarmente* si sólo está pendiente de su provecho, y en este sentido se sitúa en el extremo opuesto del ser humano *noble*, el cual puede olvidarse de sí mismo para proporcionarle placer a otro. Sin embargo, ese mismo ser humano actuaría indignamente si persiguiera su provecho a costa de su honra, y ni siquiera pretendiera respetar las leyes de la decencia. Lo vulgar, por tanto, se opone a lo noble; lo indigno se opone a lo noble y a lo decente a un mismo tiempo. Rendirse a todas las pasiones sin oposición alguna y satisfacer todos los instintos sin siquiera dejarse refrenar por las leyes de la decencia, por no hablar de las de la moralidad, es algo indigno, y revela un alma indigna.

También en las obras de arte puede caerse en lo indigno, y no sólo al elegir motivos indignos que excluyan todo sentido de la decencia y del decoro, sino también al *tratarlos indignamente*. Un motivo es *tratado indignamente* cuando se subraya en él aquel rasgo que la

Reflexiones sobre el uso de lo vulgar y lo indigno en el arte

decencia oculta, o cuando es expresado de manera que se nos oriente hacia imágenes indignas. En la vida del más insigne de los hombres hallamos actos indignos, pero sólo un gusto indigno los resaltará y los plasmará.

En la Historia Sagrada pueden encontrarse cuadros en los que los apóstoles, la Virgen e incluso Jesucristo muestran una expresión que parece hubieran sido sacados de entre la más vulgar de las plebes. Estos ejemplos demuestran un gusto indigno, que nos da derecho a que deduzcamos un modo de pensar tosco y plebeyo por parte del artista.

Es cierto que hay casos en los que también en el arte puede permitirse lo indigno; y es en aquellos en los que hay que mover a la risa. También una persona de costumbres refinadas puede, de vez en cuando, sin por ello delatar un gusto viciado, divertirse con la expresión tosca pero auténtica de la naturaleza y con el contraste entre las costumbres del mundo refinado y las de la plebe. El estado de embriaguez de una persona de alcurnia, igual dónde se diera, provocaría desagrado; pero un postillón, un marinero o un carretero embriagados nos hacen reír. Bromas que nos resultarían insoportables por parte de una persona educada, nos divierten en boca de la plebe. De esta clase son muchas escenas de Aristófanes, las cuales, no obstante, traspasan a veces los límites y son de todo punto rechazables. Por todo ello nos deleitamos con parodias en las que actitudes, dichos y actos propios de la plebe vulgar se les imputan a los mismos distinguidos personajes que el escritor ha tratado con toda dignidad y decencia. Mientras que el escritor se centre en una pieza cómica y no pretenda sino divertirnos, bien podemos dejarle pasar lo indigno; lo único que no debe hacer nunca es despertar enojo ni *repulsión*.

El enojo lo despertará si introduce lo indigno allí donde no podemos excusarlo en absoluto, esto es, en el caso de personas de las que nos sentimos con derecho a exigir las costumbres más refinadas. Si procede de modo contrario, en tal caso o bien el escritor ofende a *la verdad*, pues preferiremos tenerlo por mentiroso antes que creer que personas educadas pudieran de verdad actuar tan indignamente; o sus personajes ofenden nuestro sentido de la decencia y, lo que es aún peor, provocan nuestra indignación. Muy distinto es el planteamiento en la *farsa*, pues en ella existe un acuerdo tácito entre el escritor y el espectador, según el cual no hay que esperar verdad alguna. En la farsa dispensamos de toda *fidelidad expositiva* al poeta, quien consecuentemente adquiere, por así decirlo, el privilegio de engañarnos. Y es que en la farsa lo cómico encuentra su fundamento justamente en el contraste con la verdad; eso sí, es imposible que pueda a un mismo tiempo ser verdad y servirle de contraste a esa verdad.

Sin embargo, existen contados casos dentro del ámbito de lo serio y lo trágico en los que puede aplicarse lo indigno. A continuación deberá, no obstante, transformarse en lo *temible*, y la momentánea ofensa contra el gusto debe ser borrada con la exaltada agitación del estado de ánimo, con lo que dicha ofensa será como quien dice devorada por un poderoso efecto trágico. *Robar*, por ejemplo, es algo *absolutamente indigno*, y por mucho que nuestro corazón se esfuerce en perdonar a un ladrón, por mucho que este se haya extraviado impelido por las circunstancias, quedará marcado de modo indeleble, con lo que será ya para siempre, *desde una consideración estética*, un motivo indigno. En esto el gusto perdona aún menos que la moral, y su tribunal es más severo, pues un motivo estético es responsable de todas las ideas secundarias que se despiertan en nosotros debido a él, mientras que, por el contrario, el enjuiciamiento moral se abstrae de todo lo casual. Una persona que roba sería, en consecuencia, un motivo totalmente reprobable para cualquier representación poética de contenido serio. Si esa persona, no obstante, se convierte al mismo tiempo en *asesino*, *entonces* será *moralmente* aún mucho más reprobable, pero también por ello se hará *estéticamente* un punto más útil. Aquel que se degrada debido a una *infamia* (ahora estoy hablando únicamente de los modos de enjuiciamiento estéticos), puede de nuevo verse engrandecido y restituido en nuestra consideración *estética* por medio de un *crimen*. Esta discrepancia del juicio moral respecto al estético es llamativa y merece nuestra atención. Pueden señalarse diversas causas que lo expliquen. En primer lugar, ya he dicho que, dado que el juicio estético depende de la fantasía, todas las ideas secundarias que un motivo despierta en nosotros y que se encuentran en una conexión natural con él también se vierten en este juicio. Si estas ideas secundarias son de naturaleza indigna, entonces rebajan inevitablemente la dignidad del motivo principal.

Reflexiones sobre el uso de lo vulgar y lo indigno en el arte

En segundo lugar, en el enjuiciamiento estético nos fijamos en la *fuerza*, en el moral en la *ley de la razón*. La debilidad es algo despreciable, y lo es igualmente toda acción de la que se pueda colegir tal carencia. Todo hecho cobarde y rastrero nos repugna por la debilidad que revela; contrariamente, un hecho diabólico puede gustarnos *estéticamente* sólo con que revele fuerza. Un robo, en cambio, sólo demuestra una actitud rastrera y cobarde. Un asesinato posee al menos el aura de la fuerza, y al menos el grado del interés que nos tomamos estéticamente se rige conforme al grado de la fuerza que se expresa en aquel acto.

En tercer lugar, cuando se produce un crimen grave y terrible desatendemos su índole y centramos la atención sobre sus temibles *consecuencias*. La conmoción anímica más fuerte somete así pues a la más débil. No escudriñamos hacia atrás en el alma del autor del crimen, sino hacia delante en su destino y en los efectos de su acto. Sin embargo, tan pronto como comenzamos a *temblar* enmudece toda delicadeza del gusto. La impresión principal inunda totalmente nuestra alma y las ideas secundarias casuales, de las que realmente depende lo indigno, se extinguen. Por eso, el robo del joven Ruhberg sobre el escenario en *Un crimen por ambición de honor*[1] no es repugnante, sino verdaderamente trágico. El poeta, muy hábilmente, ha tramado las circunstancias de manera que nos vemos electrizados y sin aliento. La espantosa desgracia de su familia, y especialmente el lamento del padre, son motivos que desvían nuestra atención del autor del crimen y la conducen hacia las consecuencias de su acto. Nos encontramos demasiado inmersos en un estado emocional para detenernos a considerar las imágenes de la vergüenza con las que está estigmatizado el robo. En pocas palabras: lo indigno es ocultado por lo *terrible*. Es curioso cómo este robo cometido realmente por el joven Ruhberg no produce tanta repulsa como la simple e infundada sospecha de un robo en otra

---

1. El título original es *Verbrechen aus Ehrsucht*, obra de August Wilhelm Iffland, publicada en Mannheim en 1784. Friedrich Schiller publicó, un año más tarde, un drama de título similar, *Verbrecher aus verlorener Ehre. Eine wahre Geschichte*, aparecido posteriormente bajo el título *Verbrecher aus Infamie. Eine wahre Geschichte* (n. de los t.).

pieza teatral. En ella, un joven oficial es culpado inmerecidamente de haberse quedado con una cuchara de plata que aparece posteriormente. Lo indigno, en este caso, por tanto, es pura imaginación, una simple sospecha y, sin embargo, en nuestra valoración estética le provoca daños irreparables al inocente héroe de la pieza. La causa es que prever que una persona pueda actuar indignamente demuestra poca confianza en sus costumbres, pues las leyes de la decencia dictan que a un hombre de honor se le tiene por tal mientras que no *demuestre* lo contrario. Si se le cree capaz de algo tan despreciable, parece como si alguna vez hubiera dado pie a que esos recelos fueran posibles; si bien lo indigno de una sospecha infundada se halla justamente del lado del acusador. Al héroe de la pieza en cuestión le causa aún más perjuicio ser *oficial* y *amante* de una dama instruida y de buena cuna. Estas dos circunstancias provocan un contraste terrible con la circunstancia del robo, por lo que nos es imposible, cuando él está junto a su dama, dejar de recordar ni por un momento que podría llevar la cuchara de plata en el bolsillo. Lo más desgraciado del asunto es que el joven no sospecha nada en absoluto, pues, si lo sospechase, exigiría como oficial venganza de sangre; entonces las consecuencias pasarían al ámbito de lo temible, y lo indigno desaparecería.

Aún habría que distinguir lo indigno en la actitud de lo indigno en la acción y en el estado. Lo primero se sitúa *por debajo* de toda dignidad estética; lo último, a menudo, puede casar muy bien con ella. La *esclavitud* es indigna; pero una actitud esclava en la libertad es despreciable, mientras que una ocupación esclava sin tal actitud no lo es; y, aún más, lo indigno en un estado dado, si va unido a una actitud digna, puede transformarse en algo sublime. El dueño de Epicteto, al golpearle, actuó indignamente, mientras que el esclavo golpeado demostró tener un alma sublime. La verdadera grandeza emerge con mucha mayor magnificencia de un destino indigno, y el artista no debe temer presentarnos a su héroe con una envoltura despreciable, siempre que esté seguro de que está en su mano mostrarnos su valor interno.

Sin embargo, lo que puede estar permitido para el escritor, no lo está siempre para el pintor. Aquel exhibe sus motivos únicamente ante la fantasía; este, por el contrario, lo hace directamente ante los sentidos. De esta manera, la impresión del cuadro es más vivaz que la del poema, pero el pintor no puede, por medio de sus signos naturales, hacer lo interno tan visible como lo hace el escritor por medio de sus signos artificiales, y lo cierto es que sólo lo interno puede conciliarnos con lo externo. Cuando Homero nos presenta a Ulises vestido con harapos como un mendigo, depende de nosotros cómo queramos imaginarnos la escena y cuánto tiempo queramos entretenernos con ella. Sin embargo, en ningún caso tiene la viveza suficiente como para que pudiera resultarnos desagradable o repugnante. Si, en cambio, el pintor o incluso el actor quisieran representar fielmente el Ulises de Homero, en tal caso nos harían mirar hacia otro lado con desagrado. En esta ocasión, la fuerza de la impresión no depende de nosotros, tenemos que ver lo que nos muestra el pintor, y de esta manera no podemos abstraernos tan fácilmente de las ideas secundarias repulsivas que se nos vienen a la cabeza.

Sobre los límites necesarios en el uso de las formas bellas (1795)

Sobre los límites necesarios de lo bello, particularmente en la exposición de verdades filosóficas

El uso inadecuado de lo bello y la apropiación del potencial legislativo por parte de la imaginación, allí donde esta posee sólo la capacidad ejecutiva, han ocasionado tales perjuicios en la vida y en la ciencia, que no resulta de importancia menor definir exactamente los límites que demarcan el empleo de las formas bellas. Esos límites se encuentran en la propia naturaleza de lo bello, y sólo nos basta con pensar en cómo el gusto muestra su influencia para poder definir *en qué medida* este ha de extenderla.

Abordado de una manera general, el cometido del gusto consiste en armonizar las energías de los sentidos y del intelecto humanos y en conciliarlas en una íntima alianza. Así, al gusto puede serle concedida su correspondiente autoridad en tanto se establezca de modo oportuno y conveniente una alianza íntima de esa condición entre la razón y los sentidos. No obstante, cuando acaecen circunstancias en las que nosotros mismos, como seres racionales, ya sea por el ánimo de lograr un propósito, o para dar justo cumplimiento a una obligación, hemos de obrar ajenos a aquella influencia de los sentidos de un modo en el que queda temporalmente suspendido el vínculo entre el intelecto y la materia, es entonces cuando el gusto encuentra unos límites que no puede sobrepasar sin contrariar algún propósito o sin desviarnos de nuestro deber. En la realidad existen circunstancias semejantes, y estas nos vienen ya reguladas por nuestra propia disposición moral.

Nuestra disposición moral consiste en adquirir conocimientos y en actuar conforme a ellos. A ambas tareas corresponde la capacidad de excluir los sentidos de lo que ejecuta el intelecto, habida cuenta de que hay que abstraerse del sentimiento en todo acto de conocimiento, y de la apetencia toda vez que obre la volición.

Cuando *conocemos* nos comportamos de modo *efectivo* y nuestra atención se dirige a un objeto, a una asociación entre unas representaciones y otras. Cuando sentimos, nos comportamos de modo *afligido* y nuestra atención (si se puede llamar de alguna manera a algo que, de todo punto, no resulta de ninguna actividad intelectual) simplemente se dirige hacia nuestro *estado* en tanto que este mismo es transformado por una impresión recibida. Dado que lo bello sólo lo sentimos y no lo conocemos, por ello mismo no reparamos durante el proceso en su correspondencia con otros objetos, no relacionamos su representación con otras representaciones, sino con nuestro propio Yo emotivo. *En* el objeto bello no experimentamos nada, sí experimentamos empero una transformación de nuestro estado *a partir de* él, de lo cual el sentimiento constituye su expresión. Así, nuestro saber no se acrecienta por efecto de los juicios del gusto, como ningún conocimiento, aun siquiera el de la belleza, se adquiere mediante una impresión de la misma. Pues cuando el conocimiento se erige en propósito, el gusto no puede prestar sus servicios, al menos de un modo directo e inmediato. Antes bien, este conocimiento se suspende justamente durante el tiempo en el que nos ocupa la belleza.

Así, se podrá objetar, ¿de qué sirve entonces revestir los conceptos con buen gusto si el propósito de su exposición, que no puede ser otro que producir conocimiento, es dificultado antes que favorecido por virtud de esta acción?

No cabe duda de que la belleza de la expresión puede contribuir tan poco a la persuasión del entendimiento como la exquisita disposición de unas viandas a la satisfacción del apetito de los comensales, o la elegancia en el porte de una persona a la estimación de su valor interior. Sin embargo, igual que el placer de paladear es excitado a causa de un bello arreglo de la mesa y que, en el mismo caso, mediante lo recomendable de su apariencia es generalmente despertada y fortalecida la atención a la persona, de la misma manera, por virtud de una presentación sugerente de la verdad predisponemos nuestro ánimo favorablemente para abrirle nuestra alma, y se soslayan los impedimentos que persisten en aquel y que de otro modo se habrían

Sobre los límites necesarios en el uso de las formas bellas

enfrentado a la ardua prosecución de una larga y severa cadena de pensamientos. Nunca es el contenido quien se impone merced a la belleza de la forma, y nunca es al entendimiento a quien el gusto socorre en el acto de conocer. El contenido se ve obligado a encomendarse por sí mismo de manera inmediata al entendimiento en el momento en el que la forma bella se dirige a la imaginación y la lisonjea bajo apariencia de libertad.

No obstante, hasta esta inocente indulgencia respecto a los sentidos, que es tolerada con naturalidad en la *forma* sin exigírsele que su participación modifique en algo al *contenido*, está sometida a grandes limitaciones y puede resultar completamente contraproducente, dependiendo de la suerte de conocimiento y del grado de persuasión que se persiga durante la comunicación de los pensamientos.

Hay un conocimiento *científico*, que descansa sobre conceptos claros y principios reconocidos, y un conocimiento *popular*, que se fundamenta solamente en sentimientos más o menos desarrollados. Lo que habitualmente favorece al último sobremanera, puede por ello mismo contrariar al primero.

Cuando se busca lograr una persuasión contundente a partir de principios, no sólo basta con exponer la verdad *conforme al contenido*, sino que, al mismo tiempo, también la *prueba* de la verdad debe estar contenida en la forma de su exposición. Esto significa que no sólo el contenido, sino también la expresión del mismo, deben estar constituidos de acuerdo con las leyes del pensamiento. Con la misma necesidad con la que se implican mutuamente los conceptos en el entendimiento, también deben estos congregarse en la exposición de los mismos, de suerte que la solidez de la presentación debe corresponderse con la solidez de la idea. Sin embargo, todo acto de libertad, cuya imaginación queda confinada en el mismo momento de conocer, entra en litigio con aquella necesidad mayor en virtud de la cual el entendimiento encadena unos juicios con otros y unas conclusiones con otras. La imaginación siempre persigue, conforme a su naturaleza, concepciones generales, esto es, representaciones totales y universalmente definidas, y se esfuerza incesantemente por presentar lo general en la circunstancia particular, por delimitarlo en el espacio y en el tiempo, por hacer del concepto una individualidad, por hacer corpóreo lo abstracto. Aquella fuerza mantiene su inclinación por la *libertad* en sus composiciones y no reconoce en ello más ley que la eventualidad de la vinculación espacio-temporal, pues esta es la única relación que nos queda entre nuestras representaciones si hacemos abstracción de todo lo conceptual, de todo lo que aquella vincula interiormente. Justamente a la inversa, el entendimiento se ocupa solamente de *representaciones parciales* o de conceptos, y su única ambición consiste en deducir rasgos diferenciadores en el todo vivo de una concepción general. Precisamente porque el entendimiento pone en relación, *según sus correspondencias internas*, aquellas cosas que únicamente se revelan cuando son aisladas, sólo puede integrar en la misma proporción en la que antes sólo segregara, es decir, en la proporción en que lo hiciera sólo por medio de representaciones parciales. El entendimiento contempla la necesidad mayor y la ley moral cuando ejecuta sus combinaciones, y únicamente puede complacérsele mediante la cohesión constante de los conceptos. Esta cohesión, no obstante, viene a perturbarse cada vez que la imaginación incorpora representaciones *totales* (casos individuales) en esta cadena de abstracciones, involucrando lo casual de la concatenación temporal en la necesidad de la asociación objetiva.[1] Por ello, es absolutamente necesario que, allá donde exista interés por la rigurosa ilación intelectual, la imaginación reniegue de su carácter arbitrario y se aplique en sacrificar y en subordinar a la urgencia del entendimiento su afán por la extrema sensualidad en las representaciones y por la libertad extrema en la asociación entre las mismas. Por esto, la exposición debe estar dispuesta de tal modo que permita reprimir cualquier afán de la imaginación mediante la exclusión de lo individual y de lo sensible, poniendo límites, ora a su agitado impulso creativo por medio de la firmeza expresiva, ora a la arbitrariedad de sus combinaciones a través de la ley racional en su progresión. Ciertamente, aquella imaginación habrá de someterse a este yugo no sin oposición, aunque asimismo, en tal caso,

---

1. Un escritor que se interesa por el rigor científico habrá de servirse de *ejemplos* muy a disgusto y con parquedad. Lo que en lo general es válido con plena conformidad, padece limitaciones en cada caso particular; y dado que en cada caso particular aparecen circunstancias que son accidentales respecto al concepto general que debe ser representado a través de ellas, siempre hay que temer que estas relaciones accidentales sean incorporadas a aquel concepto general y que a este le sea sustraído algo de su generalidad y de su necesidad.

debe contarse con una cierta abnegación y con una seria determinación por parte del oyente o del lector, según las circunstancias, de obviar las dificultades que son inherentes a la forma.

Sin embargo, si no puede presumirse una determinación de esta naturaleza y si no es posible abrigar la esperanza de que el interés por el contenido sea lo suficientemente consistente como para poder alentar este empeño, entonces no cabe duda de que habremos de renunciar a la transmisión de un conocimiento científico, si bien por otro lado, por lo que respecta a la exposición, ganamos en algo de libertad. En tal caso, se abandonaría la forma científica que tanta violencia ejerce contra la imaginación y que sólo puede adoptarse gracias a la trascendencia de su objetivo; y, en su lugar, se abrazaría la forma de la belleza que se postula por sí misma independientemente de todo contenido. Al renunciar la materia a acoger a la forma bajo su protección, esta última tiene que representarla.

La instrucción popular convive en armonía con esta libertad. Habida cuenta de que el orador popular o el escritor popular (una denominación bajo la que designo a quien que no se dirige de manera exclusiva al erudito) no habla a un público preparado, y no elige a sus lectores como lo hace aquel, sino que debe aceptarlos tal como los encuentra, en tal caso no puede presuponer en ellos las condiciones generales del pensamiento ni los estímulos generales que motivan la atención, ni acaso una singular destreza intelectual, ni familiaridad con determinados conceptos, ni interés por materias definidas. La instrucción popular no puede exponerse a que la imaginación de aquellos a los que pretende instruir sea la que acabe trenzando el sentido adecuado con sus propias abstracciones y dotando de contenido a los conceptos generales a los que se limita el discurso científico. Para andar segura, la instrucción popular prefiere *proporcionar* concepciones generales y casos individuales relacionados con aquellos conceptos y confía en el entendimiento de sus lectores para improvisar la forma del concepto. Así, la imaginación se implicará bastante más en la actividad del discurso popular, si bien sólo de manera *reproductiva* (revivificando representaciones percibidas) y nunca de modo *productivo* (manifestando su fuerza autoconstituyente). Aquellos casos individuales o concepciones generales son calculados con una exactitud extrema en relación con el presente objetivo y son dispuestos con sobrada precisión respecto al uso que debe hacerse de aquellos, como si la imaginación pudiera en algún momento olvidar que sólo actúa *al servicio del entendimiento*. Efectivamente, el discurso se mantiene algo más próximo a la vida y al mundo de los sentidos, pero no se pierde aún en él. Lo que quiere decir que su exposición siempre será meramente *didáctica*, pues para ser bella le faltan aún las dos cualidades primordiales: la sen*sualidad expresiva* y la *libertad al actuar*.

Libre es la exposición cuando el entendimiento determina la cohesión de las ideas, aunque lo haga con una ley racional tan secreta que la imaginación parece que se conduce en ella de manera absolutamente arbitraria y que obedece simplemente a la eventualidad de la concatenación temporal. La exposición es *sensible* cuando lo general se oculta en lo particular y ofrece a la fantasía una imagen vívida (la representación *total*) aun cuando únicamente se trate de un concepto (la representación parcial). Por tanto, por una parte la exposición sensible es considerada *rica* porque presenta una imagen completa, un elemento individual, un todo de disposiciones morales cuando solamente se exige *una* de ellas. Por otra parte, no obstante, de nuevo habrá de considerársele *limitada* y *pobre*, porque afirma de una individualidad y de una circunstancia particular lo que debe entenderse de todo un contexto. Así, esta exposición reduce el entendimiento exactamente en la misma proporción en la que hace concesiones desmedidas a la imaginación, pues cuanto más completo es el contenido de una representación, tanto más exiguo es su alcance.

El interés de la imaginación consiste en sustituir sus elementos a su arbitrio; el interés del entendimiento consiste en asociarlos según el principio de la necesidad. Pese a ello, aunque parezca que ambos intereses se hallan en conflicto, hay entre ambos un punto de unión, y descubrirlo es mérito legítimo del estilo bello.

Para contentar a la imaginación, el discurso debe disponer de una parte material o *cuerpo* integrado por las concepciones generales a partir de las cuales el entendimiento aísla los rasgos individuales o conceptos, pues así como somos capaces de pensar de modo abstracto, lo que en última instancia se asienta en la base de nuestro pensamiento es también algo sensible. La imaginación sólo aspira a saltar de una concepción a otra sin orden ni concierto, así como a desligarse de cualquier principio cohesionador distinto al de la secuencia temporal.

Sobre los límites necesarios en el uso de las formas bellas

Luego si las concepciones generales que dotan de corporeidad al discurso no mantienen un vínculo objetivo entre sí, si más bien parecen sostenerse por sí mismas como miembros autónomos y como un todo independiente, si delatan todo el desorden de una imaginación caprichosa y sólo sumisa a sí misma, eso significa que la forma dispone de libertad estética y que la urgencia de fantasía está satisfecha. Podría decirse que una exposición de esta naturaleza es un producto *orgánico* en tanto que no sólo vive el todo, sino que también tienen vida propia las partes individuales. Y que la exposición puramente científica es una obra *mecánica* en tanto que las partes, que son por sí mismas inánimes, confieren al todo una vida artificial por mediación de su concierto.

Por el otro lado, para satisfacer al entendimiento y producir conocimiento, el discurso debe disponer de una parte intelectual, el *significado*, que este obtiene a través de los conceptos mediante los cuales aquellas concepciones generales se relacionan entre sí y se funden en un todo. Si tuviera lugar la cohesión más estrecha entre estos conceptos, concebidos estos como la parte intelectual del discurso, y si, al mismo tiempo, sus concepciones correspondientes, la parte sensible de ese discurso, parecieran encontrarse reunidas por mor de un juego veleidoso de la fantasía, eso significaría que el problema estaría ya resuelto y que la ley racional daría contento al entendimiento mientras que la fantasía vendría a ser lisonjeada por la falta de leyes.

Si se examina la potencia mágica de la dicción bella, siempre se verá que está presente en una relación afortunada entre la libertad exterior y la necesidad interior. A esta libertad de la imaginación contribuyen mayormente la *individualización* de los objetos y la *expresión metafórica* o figurada. Aquella lo hace para aumentar su sensualidad; esta, para generarla allí donde no la hubiera. Cuando representamos la categoría a través de un individuo y mostramos un concepto general en una circunstancia particular, liberamos a la fantasía de las ataduras que el entendimiento le había impuesto y le damos pleno poder para manifestarse de modo creativo. Siempre esforzándose por alcanzar la plenitud de las disposiciones morales, esta obtiene y ejerce ahora el derecho de completar, vivificar, refigurar a su gusto la imagen que le ha sido donada, de observarla en todas sus implicaciones y transformaciones. La fantasía tiene licencia para olvidarse por un momento de su función subordinada y para conducirse como una autócrata arbitraria, porque su estrecha cohesión interna ya se ocupa convenientemente de que nunca pueda sustraerse enteramente a las riendas del entendimiento. La expresión metafórica sigue profesando esta libertad en la medida en que marida imágenes que son completamente distintas respecto a su contenido, si bien forman socialmente una unidad bajo una categoría conceptual superior. Dado que la fantasía se atiene al contenido mientras que el entendimiento hace lo propio respecto a aquella categoría conceptual superior, consecuentemente la primera da un salto allí donde el último percibe la continuidad más perfecta. Los conceptos se desarrollan conforme a la *ley de la necesidad*. Si se rigen, empero, por la *ley de la libertad*, estos pasan por la imaginación. El pensamiento sigue siendo el mismo, sólo cambia el medio que lo representa. De modo que el escritor elocuente crea el orden más regio a partir de la anarquía misma y erige un edificio firme sobre una base siempre mudable, sobre la corriente de la imaginación que siempre sigue fluyendo.

Si se estableciera una comparación entre la dicción científica, la popular y la bella, se vería que las tres, según cada materia, transmiten de manera igualmente fiel el pensamiento que refieren y que, por tanto, las tres nos proporcionan conocimiento, aunque también se comprobaría que el modo y el grado de ese conocimiento son en cada una de ellas completamente distintos. El escritor de dicción bella nos presenta la materia de la que trata de un modo demasiado *posible* y *deseable* como para poder persuadirnos de la realidad o incluso de la necesidad que la misma entraña. Pues su pensamiento se proclama meramente como una creación arbitraria de la imaginación que no se encuentra por sí sola en disposición de avalar la realidad de sus ideas. El escritor popular suscita en nosotros la idea de que ese modo y grado de conocimiento se comportan *realmente* así, de un modo popular. No obstante, tampoco es capaz de llegar más allá, pues nos permite sentir la verdad de aquella oración, aunque no de una manera absolutamente cierta. Y es que el sentimiento sabe enseñar perfectamente lo que *es*, aunque nunca lo que *debe ser*. El escritor de Filosofía eleva aquella idea a convencimiento, pues evidencia a partir de argumentos incontrovertibles que ello se comporta *necesariamente* de modo filosófico.

Sobre los límites necesarios en el uso de las formas bellas

Si se parte de los principios planteados hasta aquí no será difícil asignar el lugar oportuno a cada una de las tres formas distintas de dicción. En general, puede aceptarse como norma que el estilo científico es preferible cuando este radica no sólo en el resultado sino también, juntamente, en su demostración; y que cuando, generalmente, sólo se trata de exponer un resultado, son los estilos popular y bello los que merecen prevalencia. Sin embargo, el *momento* en el que la expresión popular adquiere licencia para transformarse en *bella* es lo que decide el grado mayor o menor de interés que debe presuponerse o promoverse.

La genuina expresión científica nos concede (más o menos, dependiendo de cuánto tenga de filosófica o de popular) la *propiedad* de un conocimiento. La expresión bella nos la *cede* solamente para su uso y disfrute momentáneos. La primera nos da (si puede permitírseme el símil) el árbol con su raíz, si bien ciertamente tendremos que aguardar con paciencia hasta que florezca y dé frutos. La expresión bella sólo nos recoge las flores y los frutos de él. Pese a ello, el árbol que los trajo no será nuestro, y cuando aquellos se marchiten o ya hayan sido saboreados, nuestra riqueza desaparecerá. Tan contradictorio sería, pues, recogerle solamente la flor y el fruto precisamente a quien quiere tener el árbol plantado en su huerta, como disparatado ofrecerle el propio árbol con sus frutos venideros a quien sólo se le antoja una fruta en un momento dado. La aplicación del símil se hace patente por sí misma, y yo sólo observo que la expresión bella sirve tan poco para la cátedra como la académica para el trato con las bellas letras o para la tribuna de oradores.

El discente atesora para fines posteriores y para un uso futuro. No en vano, tiene el docente por ocupación *hacerle propietario pleno de los conocimientos* que le inculca. No obstante, nada es nuestro a excepción de lo que es confiado al entendimiento. Por el contrario, el orador persigue la aplicación inmediata, y se debe a la urgencia contingente de contentar a su público. Por tanto, su interés es hacer *prácticos*, lo más ágilmente que puede, los conocimientos que divulga y esto lo consigue con mayor certeza cuando les confiere *sentido* y los dispone para que susciten *emoción*. El docente, que acepta a su público según sus condiciones y que está legitimado para presuponer en el mismo la disposición de ánimo necesaria para la comprensión de la verdad, sólo apunta hacia el *objeto* de su discurso, mientras que, del otro lado, el orador, a quien no se le permite acordar condiciones con su público y que lo único que se impone es obtener el favor de este en provecho propio, ha de orientar paralelamente su objetivo hacia los *sujetos* a los que se dirige. Aquel, cuyo público ya estaba allí y regresará de nuevo, sólo precisa suministrar fragmentos que formen un todo con los discursos anteriores. Este, cuyo público cambia sin cesar, acude improvisadamente y acaso nunca regrese más, está obligado a *cumplir* su cometido en cada discurso, cada una de sus sesiones debe ser un todo por sí misma y contener una explicación completa.

De ahí que no deba extrañar que un discurso dogmático, por fundamentado que esté, no obtenga éxito en la conversación ni en el púlpito, y que un discurso bello, por agudo que sea, no dé frutos en la cátedra, si el mundo de las bellas letras no lee los escritos de la época erudita y el erudito ignora obras que por sí mismas constituyen una escuela de hombres de mundo y que son devoradas con avidez por los amantes de lo bello. Cada uno de ellos puede cosechar admiración en el círculo para el que está concebido. Y efectivamente, ambos pueden ser en su respectiva constitución interna absolutamente idénticos. No obstante, sería pedir un imposible que una obra que exija el máximo de un pensador pueda servir al mismo tiempo a un sencillo hombre de ingenio para llevar a cabo juegos frívolos.

Por esta razón, considero pernicioso que se escojan para la docencia de la juventud aquellos escritos en los que las materias científicas aparecen revestidas de un estilo bello. No me refiero en absoluto a aquellos escritos en los que el contenido se sacrifica a la forma, sino a aquellos escritos eminentes que resisten la prueba objetiva más aguda, aunque esta no resida en su aspecto formal. Es cierto que con escritos de esta naturaleza se cumple el objetivo de ser leído, mas esto ocurre a costa del objetivo más importante de por qué quiere uno que se le lea. Con este acto de lectura se ejercita el entendimiento siempre en concierto con la imaginación, y por eso aquel nunca aprende a separar la forma de la materia ni a actuar como una facultad neta. Sí es, por el contrario, la sola ejercitación del entendimiento un momento fundamental en la instrucción de la juventud. Y esta estriba en la mayoría de los casos más en la propia acción de pensar que en su resultado, el pensamiento. Si se pretende cumplir satisfactoriamente una tarea, uno debe guardarse, pues, de proclamarla como un juego. Antes que eso, la forma de tratamiento debe poner en tensión al intelecto y estimularlo, con cierta dosis de vehemencia, de la pasividad a la actividad. El profesor en ningún caso ha de ocultar a su alumno la severa ley racional de su método, sino antes al contrario llamarle su atención y, en lo posible, despertar su curiosidad sobre él. El discente debe aprender a perseguir un fin, así como a consentir, por causa de él, en seguir un medio dificultoso para alcanzarlo. Ya tempranamente debe ansiar el noble gozo que es la recompensa del esfuerzo. En el discurso filosófico los sentidos son rechazados de plano, en el bello despiertan interés. ¿Qué consecuencias traerá esto? Alguien devorará con interés un escrito o una charla de esta naturaleza, mas cuando se le inquiera por los resultados apenas estará en disposición de dar cuenta de ellos. ¡Y es natural! Pues en una lectura así los conceptos penetran en el alma en masa, y el entendimiento sólo conoce en tanto discierne; durante la lectura, el ánimo se comporta de modo más pasivo que activo, y el ingenio no puede poseer nada más que cuando actúa.

Esto rige, por lo demás, sólo para el uso común de lo bello y para la percepción de lo bello en el uso común. Lo verdaderamente bello se cimenta sobre la resolución moral más estricta, sobre la elección más exigente y sobre la necesidad interior más extrema, sólo que esta resolución habrá de ser descubierta antes que ser impuesta con vehemencia. La ley racional más sublime deberá estar presente, si bien habrá de manifestarse como naturaleza. Un producto como este dará absoluto contento al entendimiento tan pronto sea estudiado. No obstante, precisamente por ser verdaderamente bello no impondrá su ley racional, no tratará con el entendimiento de una manera *particular*, sino que se dirigirá al todo armónico del ser humano como unidad pura, y a la naturaleza en cuanto naturaleza. Un crítico común acaso encontrará este producto vano, escaso, demasiado poco preciso. Justamente ese producto, en el que se impone el triunfo de la exposición, esa disolución completa de las partes en un todo puro le ofende porque sólo sabe discernir y porque sólo tiene interés por lo individual. Para que el entendimiento se sienta complacido como facultad discernidora cuando actúa a propósito de las exposiciones filosóficas, de esta actividad tienen que desprenderse resultados individuales que le sean beneficiosos: esta es la finalidad que en ningún caso puede quedar desatendida. No obstante, si el escritor, merced a la más estricta resolución interna, ha puesto cuidado en que el entendimiento se obligue a considerar necesarios esos resultados luego de aceptarlos, y, no bastando con ello y urgido por su naturaleza (que siempre actúa como unidad armónica, y cuando pierde esa unidad en el proceso de abstracción, la vuelve a generar), si reúne de nuevo lo que antes había sido segregado e incesantemente reclama al ser humano en toda su integridad a través de la invocación unánime de las fuerzas sensitivas e intelectuales, en verdad no sólo no habrá escrito peor, sino que además se habrá aproximado a lo sublime. Ciertamente el crítico común, quien, carente de sentido de la armonía, apremia constantemente hacia lo individual, quien en la misma Iglesia de San Pedro sólo busca las pilastras que soportan este firmamento artificial, quedará poco agradecido a ese escritor por haberle obligado a un doble esfuerzo. Porque no cabe duda alguna de que un crítico de estos tendrá que *traducir* a uno de estos escritores si quiere entenderlo, al igual que el simple y llano entendimiento, despojado de toda su capacidad expositiva, primero traslada a su propia lengua y dispone separadamente lo bello y lo armónico en la naturaleza y en el arte o, en pocas palabras, igual que el escolar, para leer, antes tiene que deletrear. Sin embargo, el escritor nunca deduce la norma a partir de la limitación y de la precariedad de sus lectores. El escritor va al encuentro del ideal que porta en sí mismo, despreocupado de quien le siga o de quien se quede atrás. Habrá muchos que se queden rezagados, porque si ya es inusitado descubrir a lectores que piensen, será infinitamente más inusitado dar con lectores que sepan dar expresión a su propio pensamiento. Luego un escritor de esta condición corromperá aquel ideal, si atendemos a la naturaleza de su objeto, tanto en compañía de aquellos que sólo contemplan y que sólo sienten, pues a ellos les impone la agria faceta de pensar, como al lado de esos otros que sólo piensan, pues de ellos demandará algo que les es, por su propia naturaleza, imposible: componer algo expresivo. No obstante, como ambos son representantes muy imperfectos de la humanidad común y auténtica, la cual exige de todo punto la armonía de ambas facetas, su antinomia no significa nada. Antes bien sus juicios le confirman que consiguió lo que se proponía. El pensador de abstracciones encuentra su contenido discurrido y al lector contemplativo le parece su estilo expresivo. Así, ambos aceptan lo que alcanzan a comprender y añoran lo que supera su capacidad.

Sin embargo, un escritor de esta naturaleza, precisamente por esta razón, no es en absoluto competente para dar a conocer a un ignorante las materias que trata, o en el sentido propio de la palabra, para *enseñar*. Afortunadamente, para esta actividad no es imprescindible, porque nunca faltarán sujetos que impartan clases a los escolares. El docente, en sentido estricto, debe actuar conforme a las necesidades; de partida presupone incapacidad al tiempo que, del otro lado, exige de su lector u oyente una cierta integridad y formación previas. Por ello su acción tampoco ha de limitarse, empero, a trasladar conceptos muertos, debe atrapar enérgicamente lo que está lleno de vida y apoderarse a un mismo tiempo del ser humano entero, de su entendimiento, de su sentimiento y de su voluntad.

Si dar lugar a que se favorezca el gusto durante el propio proceso de aprendizaje se juzga perjudicial para el rigor del conocimiento, con ello no se afirma de ningún modo que resulte prematuro instruir al estudiante en esa competencia. Justamente al contrario, se le debe animar y estimular para que divulgue, en un estilo tendente a la exposición vivaz, los conocimientos que anteriormente habría asimilado de una manera académica. Mientras que esto último simplemente habrá sido digno de cierta consideración, lo primero no puede más que traer consigo consecuencias beneficiosas. Indudablemente, se debe dominar una verdad en un grado elevado si se quiere desechar sin riesgo la forma en la que esta fuera hallada, y se debe disponer de un gran entendimiento para que el objeto no se pierda en el juego libre de la imaginación. Quien me transmite el conocimiento según la forma académica, me persuade de que lo ha asimilado de manera conveniente y de que sabe administrarlo. Sin embargo, quien al mismo tiempo está en disposición de transmitirlo en forma bella, no sólo manifiesta que está facultado para ampliarlo, sino también que lo ha aprehendido en su cualidad natural y que es capaz de presentarlo en sus acciones. En lo que interesa a los resultados de la reflexión no existe otro camino que lleve a la voluntad y a la vida que el que se recorre a través de la imaginación espontánea. Nada más que lo que ya es un hecho vivo *dentro de nosotros mismos* puede llegar a constituirse *fuera de nosotros*, e igual sucede con las creaciones del intelecto que con las formaciones orgánicas: el fruto sólo nace de la flor.

Si se piensa en cuántas verdades han estado desde siempre ejerciendo vivamente su influencia como concepciones internas antes de que la Filosofía las demostrara, y cuán ineficaces siguen siendo habitualmente para el sentimiento y la voluntad las verdades más demostradas, entonces se comprende cuánta importancia tiene para la vida práctica observar esta señal de la naturaleza y volver a transformar los conocimientos científicos en una concepción viva. Sólo de esta forma se está en disposición de hacer participar de estos tesoros de la sabiduría a aquellos a los que su propia naturaleza les había vedado previamente desarrollar el método desnaturalizado de la ciencia. Aquí la belleza actúa, respecto a la inteligencia, justamente de igual modo a como lo hace, en lo moral, respecto a la conducta. La belleza hace coincidir en los ámbitos de los resultados y de la materia a hombres que nunca lo hubieran hecho en los de la forma y de los fundamentos.

Conforme con su naturaleza y con su bella disposición moral, al otro sexo no le es lícito ni puede compartir la *ciencia* con el masculino, aunque sí la *verdad* a través de su medio de presentación. El varón hasta bien podría consentir ver su gusto ofendido siempre que el contenido compensara debidamente al entendimiento. Habitualmente prefiere esto tanto más cuanto con más rudeza aparezca la resolución moral y con más pureza quede diferenciada la esencia interior respecto de su apariencia. Sin embargo, la mujer no concede al contenido más rico la forma más descuidada y la entera constitución interior de su ser le da derecho a esta severa exigencia. Este sexo que, aunque no ejerciera su dominio por medio de la belleza, debería igualmente llamarse el bello sexo precisamente porque es gobernado por ella, lleva a todo lo que le acontece ante el tribunal del sentimiento, y lo que ofende a este sentimiento o lo envanece está, para este mismo sexo, condenado a la perdición. Ciertamente, a través de este canal se le puede transmitir la materia de la verdad aunque no la verdad misma, que es indisociable de su demostración. No obstante, afortunadamente la mujer sólo requiere la materia de la verdad para alcanzar su perfección máxima, y las excepciones aparecidas hasta el momento no pueden alentar el deseo de convertirse en norma.

Sobre los límites necesarios en el uso de las formas bellas

La tarea, pues, que la naturaleza no sólo ha restringido para el otro sexo, sino que además le ha vedado, debe asumirla el hombre para sí doblemente si quiere encontrarse con la mujer de una forma distinta a un mismo nivel en ese punto trascendental del ser. Por tanto, el hombre procurará desplazarse desde ahora, tanto como pueda, del Imperio de la Abstracción, donde él gobierna, al Imperio de la Imaginación y del Sentimiento, donde la mujer es a un tiempo jueza y modelo. Procurará, ya que no puede hacer plantaciones duraderas en el intelecto femenino, obtener tantas flores y frutos como le sea posible en su propio terreno, para de este modo poder renovar con la mayor frecuencia las provisiones que se han marchitado prematuramente en ese otro cultivo, y sustentar una cosecha artificial allí donde no madura una natural. El gusto mejora, o encubre, la diferencia natural de intelectos entre ambos sexos, alimenta y adereza el intelecto femenino con los productos del masculino y hace que ese excitante sexo sienta en tanto no ha pensado y disfrute en tanto no ha rendido.

Así, al gusto se le ha confiado la forma en el proceso de comunicación del conocimiento bajo las limitaciones que acabo de referir, aunque sobre todo bajo la condición expresa de no desdorar el contenido. El gusto no debe olvidar que ejecuta una encomienda ajena y que no comanda su propia misión. Toda su participación debe venir limitada por la transmutación del ánimo en una disposición favorable al conocimiento. Sin embargo, en todo lo que se refiera a esto último, en absoluto debe arrogarse el gusto autoridad alguna.

En el caso de que hiciera esto, es decir, si antepusiera por encima de todo su ley, que no es otra cosa que mostrarse complaciente con la imaginación y gozar de la contemplación, si no se limitara únicamente a aplicar esta ley sobre el *método*, sino que además lo hiciera sobre el *objeto*, y no sólo *ordenara* los materiales de acuerdo con aquella, sino que también los *seleccionara*, consecuentemente no se habría excedido solamente en su cometido, sino que además habría defraudado el objeto que debía hacernos llegar de modo fiel. No se cuestionan ahora lo que las cosas *son*, sino cómo sirven a los sentidos. La consecuencia inevitable de los pensamientos que debería haber sido encubierta es desechada como una atadura molesta, la perfección es sacrificada por la comodidad, la verdad de las partes por la belleza del todo, la esencia interior por la impresión exterior. Pese a ello, allí donde el contenido se hubiere de sujetar a la forma no se halla contenido alguno: la exposición se muestra vacía y, en lugar de haberse ampliado el saber, simplemente se ha puesto en práctica un juego entretenido.

Los escritores que poseen más chanza que entendimiento y más gusto que ciencia se sienten demasiado a menudo culpables de esta impostura, y los lectores que están más habituados a sentir que a pensar se muestran demasiado predispuestos a perdonarlos. En general, resulta dificultoso dar al gusto una educación completa antes de haber ejercitado el entendimiento como facultad de pensar pura y de haber enriquecido la mente con conceptos. Pues poniendo el gusto constantemente la mirada en el método y no en el objeto, al ser aquél juez único, se disipa cualquier diferencia objetiva entre las cosas. Uno se vuelve indiferente respecto a la realidad y acaba concediendo todo el valor a la forma y a la apariencia.

De ahí el espíritu de superficialidad y frivolidad que suele verse reinar por ciertos estamentos sociales y en ciertos círculos que se vanaglorian, no sin razón, de un refinamiento extremo. Introducir a un joven en esos círculos de las *gracias* antes de que las musas lo hayan liberado por haber alcanzado la mayoría de edad, forzosamente tiene que ser pernicioso para él, y no falla que justamente aquello que otorga al mozo maduro la perfección exterior hace del inmaduro un presuntuoso.[2] La materia sin la forma es, ciertamente,

---

2. El señor Garve ha citado en su juiciosa comparación entre las «Costumbres burguesas» y las «Costumbres nobles» en la primera parte de sus *Ensayos...* (un escrito del que ya puede aventurarse que estará en manos de todo el mundo) entre las prerrogativas del joven noble, también la competencia precoz del mismo para el trato con el ancho mundo, del cual el burgués es excluido ya desde su cuna. No obstante, el señor Garve no nos ha dado su opinión al respecto de este privilegio, o sea, que desde el punto de vista de la formación exterior y estética debe ser considerado incuestionablemente como una ventaja, y que también respecto a la formación interior del joven noble, esto es, en relación a su formación integral, pueda considerarse también una ganancia. Y yo dudo que él pudiera ratificar una afirmación como esa. Así, en la misma medida en que se gana en lo formal por este procedimiento, igualmente ha de descuidarse la materia por esta misma vía, y si se pensara en cuánto más fácilmente se encuentra la forma con un contenido en comparación con la facilidad con la que el contenido lo hace respecto a una forma, no tendría entonces mucho que envidiar el burgués al noble respecto a esta prerrogativa. Si, por cierto, a más de esto se hubiera de seguir con el planteamiento según el cual el burgués *trabaja* y el noble *representa*, entonces no cabe escoger medio más adecuado para ello que precisamente esta diferencia educativa, aunque dudo que el noble se contente con una diferenciación de esta naturaleza.

Sobre los límites necesarios en el uso de las formas bellas

sólo media propiedad, porque los conocimientos más brillantes están presentes en una mente que no sabe darles forma, lo que es lo mismo que enterrar tesoros inánimes. Por el contrario, la forma sin la materia es apenas la sombra de una propiedad, y cualquier habilidad artística de la expresión no puede auxiliar en nada a quien nada tiene que expresar.

Por ello, si la cultura de lo bello no debe seguir este descamino, entonces el gusto ha de determinar sólo la forma exterior, mientras que la razón y la experiencia han de hacerlo con la esencia interior. Si se convierte a la impresión sobre el sentido en juez supremo, y las cosas son relacionadas sólo con la percepción sensible, de esta guisa el ser humano nunca saldrá de la servidumbre de la materia, no habrá nunca luz en su intelecto, en una palabra, su razón perderá justamente tanta libertad como él consienta *en demasía* a su imaginación.

Lo bello ejerce su influencia con la simple contemplación, lo verdadero requiere estudio. Luego quien ejercite su sentido para la belleza también se contenta con la contemplación superficial cuando palmariamente es preciso estudio, y aún pretende sólo jugar intelectualmente allí donde se exige esfuerzo y seriedad. Sin embargo, con la mera contemplación nunca se consigue nada. Quien quiera producir algo grande, debe penetrar en profundidad, discernir con agudeza, asociar con una pluralidad de opciones y perseverar con firmeza. Incluso el artista y el poeta, pese a que ambos sólo trabajan por la complacencia en la contemplación, sólo pueden conseguir que sus obras nos diviertan con gracia mediante un esforzado y no por ello menos estimulante estudio.

Esta me parece a mí la piedra de toque infalible que permite señalar la diferencia entre el simple diletante y el verdadero genio artístico. La seductora excitación de lo grande y de lo bello, el fuego con el que esta enciende la imaginación juvenil, con el que trastorna los sentidos, han inducido a algún neófito a tomar la paleta o la lira y a verter en formas o en sonidos lo que iba cobrando vida dentro de él. En su mente obran ideas oscuras, como un universo incipiente, que le hacen creer que está inspirado. Él toma lo oscuro por lo profundo, lo salvaje por lo enérgico, lo indefinido por lo infinito, lo insensato por lo sobrenatural... ¡y qué contento se pone con sus primeros pasos! No obstante, el juicio del entendido no pretende validar este testimonio de ardiente amor propio. Con crítica poco complaciente destruye la obra ilusoria de la extravagante imaginación, y arroja luz sobre ella allá abajo, en el pozo profundo de la ciencia y de la experiencia, donde, oculta al profano, mana la fuente de toda belleza verdadera. Si la energía auténtica del genio dormita en el joven indeciso, su modestia quedará en principio desconcertada, aunque al poco tiempo el coraje del verdadero talento le animará a experimentar. Estudiará la constitución humana con el estilete del anatomista, si la naturaleza lo ha dotado para ser artista plástico, *descenderá a las más recónditas profundidades con la misión de ser auténtico en la superficie*, e indagará a su alrededor entre toda la especie a fin de reconocerle al individuo su derecho. Atisbará la humanidad, si ha nacido para ser poeta, en su propio pecho, al objeto de entender su representación siempre mudable sobre el inmenso teatro del mundo, someterá la exuberante fantasía a la disciplina del gusto, y dejará al sobrio entendimiento que calcule las márgenes entre las que debe bramar la corriente de la inspiración. A él le será sobradamente conocido que la grandeza sólo se desarrolla a partir de la pequeñez insignificante y, grano a grano, reunirá el edificio maravilloso que nos atrapará vertiginosamente en una única impresión. Si por el contrario, la naturaleza le ha impuesto el estigma de ser un simple diletante, entonces la dificultad enfriará su débil ardor y, o bien abandonará, si es humilde, un derrotero que le habrá de llevar al autoengaño, o bien, si no lo es, abreviará el gran ideal al tamaño reducido de su capacidad porque no estará en disposición de ampliar su capacidad conforme a la magnífica medida del ideal. Por ello, reconocemos al auténtico genio artístico siempre en que, en el sentimiento más ardiente, reservará frialdad para el todo y paciencia perseverante para la parte, y preferirá sacrificar el placer antes que la perfección de la obra a fin de no causar perjuicio a esta última. El esfuerzo del medio disuade a un amante cualquiera de alcanzar su fin, pues quisiera tenerlo igual de fácil cuando produce que cuando observa.

Sobre el riesgo de las costumbres estéticas

En uno de los escritos precedentes[3] se trataba sobre las desventajas que resultan de una sensibilidad desmesurada hacia lo bello de la forma, y de unas exigencias estéticas excesivas respecto al pensamiento y a la inteligencia. De una importancia mucho mayor son, no obstante, las apropiaciones ilegítimas del gusto cuando tienen a la *voluntad* por objeto. Pues algo bien distinto es que el desmesurado apego a lo bello obstaculice la extensión de nuestro saber o que corrompa el carácter y nos induzca a incumplir nuestras obligaciones. Indudablemente, la arbitrariedad literaria en el pensamiento es muy inconveniente e inevitablemente oscurecerá el entendimiento. No obstante, peor aún, esa arbitrariedad aplicada a las máximas de la voluntad constituirá algo *maligno* y habrá de corromper el corazón sin más remedio. Y hacia este arriesgado extremo mueve al hombre el refinamiento estético, toda vez que aquel se confíe *exclusivamente* al sentimiento de belleza y convierta al gusto en legislador de su voluntad.

La disposición moral del hombre exige la independencia absoluta de la voluntad respecto de cualquier influencia de los impulsos de los sentidos, y el gusto, como ya sabemos, se afana sin cesar en hacer cada vez más íntimo el vínculo entre el entendimiento y los sentidos. Así pues, el gusto causa efecto cuando los deseos se ennoblecen y se vuelven más armoniosos respecto a las exigencias de la razón, aunque esto puede resultar en última instancia, justamente por esta misma razón, arriesgado para la moral.

Precisamente porque en el hombre estéticamente refinado la imaginación *actúa conforme a leyes también en sus representaciones libres*, y porque el sentido consiente en gozar, no sin la aprobación de la razón, con gran facilidad se le reclama a esta la contrapartida que consiste en *amoldarse en su rigor legislativo al interés de la imaginación*, y en someter a la voluntad, aunque nunca sin la conformidad de

---

[3]. «Sobre los límites necesarios de lo bello, particularmente en la exposición de verdades filosóficas». Noveno número de *Las Horas*.

los impulsos de los sentidos. El compromiso moral de la voluntad, que efectivamente tiene valor, incluso sin condiciones, es concebido inopinadamente como un contrato que compromete a una parte mientras la otra lo cumpla. El acuerdo *fortuito* de la obligación con la inclinación se establece finalmente como condición *necesaria* y, de este modo, la moralidad ve emponzoñada sus fuentes.

Cómo entra el carácter paulatinamente en este proceso de descomposición, se hace inteligible de la siguiente manera:

En tanto el hombre sea un salvaje, sus impulsos se inclinen hacia objetos materiales, y un egoísmo del talante más tosco gobierne sus actos, la sensualidad podrá poner en peligro a la moralidad sólo por medio de su *fuerza ciega* y oponerse, como una autoridad más, a los dictados de la razón. La voz de la equidad, de la moderación, de la humanidad será acallada por una apetencia atronadora y elocuente. El hombre será temible en su venganza porque percibirá la ofensa de un modo temible. Robará y matará porque sus apetencias son demasiado poderosas frente a las débiles riendas de la razón. Será un animal furioso enfrentado a los de su género porque el impulso natural aún le domina de modo salvaje.

Si el hombre troca, no obstante, este estado natural salvaje por una condición refinada, si el gusto ennoblece sus impulsos, si asigna a estos impulsos unos propósitos más dignos en el universo moral, si atempera sus bruscos arrebatos mediante la norma de la belleza, entonces puede suceder que precisamente estos impulsos que antes sólo eran temibles *por su violencia ciega*, se vuelvan aún más peligrosos bajo una apariencia de *dignidad* y bajo una *presunta autoridad* de la moralidad del carácter, y ejerzan una tiranía aún más infame bajo una máscara de inocencia, nobleza y pureza.

El hombre de buen gusto elude voluntariamente el tosco yugo del instinto. Somete sus impulsos al goce de la razón y se empeña en que los objetos de sus apetencias sean determinados por el intelecto. Cuanto más frecuentemente se reitere la circunstancia de que el juicio moral y el estético, el sentimiento moral y el sentimiento de la belleza, converjan en un mismo objeto y que coincidan en una misma máxima, más se inclinará la razón a aceptar como *propio* un impulso tan *espiritualizado* y a confiarle a este, en última instancia y con un poder ilimitado, el control sobre la voluntad.

Sobre los límites necesarios en el uso de las formas bellas

En tanto exista aún la posibilidad de que inclinación y obligación coincidan en el mismo objeto del deseo, esa *representación* del sentimiento moral a través del sentimiento estético no podrá ocasionar perjuicios objetivos a pesar de que, en un sentido estricto, de este modo no se haya conseguido nada en provecho de la moralidad de los actos individuales. Sin embargo, la circunstancia cambia completamente cuando emoción y razón mantienen intereses distintos, cuando la obligación impone una conducta que subleva al gusto o cuando este se ve arrastrado hacia un propósito que la razón, en calidad de jueza moral, está obligada a reprobar.

En este momento entra en juego de una vez la necesidad (la cual había propiciado de un modo casi inextricable un acuerdo tan amplio) de confrontar las respectivas pretensiones de los sentidos moral y estético, de definir sus competencias respectivas y de reconocer al verdadero ostentador del poder en la esfera del sentimiento. No obstante, una representación tan continuada ha relegado a este ostentador al olvido, y la obligación prolongada de obedecer a las insinuaciones del gusto de modo inmediato y de sentirse satisfecho con ellas seguramente haría legatario a este último, inopinadamente, de un derecho ilusorio. Debido a la *pulcritud* con la que el gusto ejerciera su control sobre la voluntad, no podía ser de otro modo sino que a sus pretensiones se les concediera un cierto *respeto*, y ese respeto es justamente lo que ahora la inclinación sensible, gracias a una dialéctica capciosa, hace valer frente a la obligación moral.

El respeto es un sentimiento que sólo puede experimentarse respecto a la norma y a lo que tiene que ver con ella. En lo que el respeto puede exigir, este reclama el derecho a una fidelidad incondicional. La inclinación ennoblecida, que ha sabido granjearse el favor del respeto, no quiere hallarse por más tiempo *en un nivel inferior* a la razón, pues prefiere encontrarse con ella *en su mismo nivel*. No quiere actuar como sierva desleal que se subleva contra su señor, sino que pretende ser considerada soberana y actuar de igual a igual junto a la razón, la legisladora moral. Los platillos de la balanza están, pues, como ella pretende, al mismo nivel de acuerdo con la ley, ¡y cuánto no hay que temer entonces a que el interés acabe decidiendo!

Entre todas las inclinaciones que nacen del sentimiento de la belleza y que constituyen una cualidad de las almas delicadas, ninguna sirve mejor a la sensibilidad moral que un estado *de enamoramiento* exaltado y ennoblecido, y ninguna es más fructífera en convicciones que se refieran a la dignidad verdadera del hombre. ¡A qué altura no transporta este estado a la naturaleza humana, y qué destellos divinos no acostumbra ella a irradiar, incluso desde las almas vulgares! En su fuego sagrado se consume toda inclinación interesada, y los principios no podrían conservar la honestidad del ánimo más pura que cuando el amor de corazón custodia la nobleza.

Comúnmente, allí donde aquellos principios todavía combaten, el amor ya ha ganado la batalla por ellos y, merced a su energía todopoderosa, ha propiciado decisiones que el simple deber de la frágil humanidad habría reclamado en vano. ¿Quién puede desconfiar de un estado emocional que pone tan enérgicamente bajo su protección lo primoroso de la naturaleza humana y que porfía con tanto acierto con el enemigo mortal de toda moralidad, el egoísmo?

No obstante, uno no se atreve con este caudillo, el egoísmo, si no se ve amparado por otro de mayor envergadura. Puede darse el caso de que el objeto amado sea infeliz, de que por nuestra causa sea infeliz y de que de nosotros dependa que sea feliz por el sacrificio de alguna cuestión moral grave. «¿Debemos dejarlo sufrir para mantener pura la conciencia? ¿Permite eso un amor desinteresado, magnánimo, completamente entregado a su causa, olvidado, por encima de esta, de sí mismo? Es cierto que hacer uso de un instrumento inmoral para poder socorrer a ese amante, obra contra nuestra conciencia... aunque ¿puede llamarse *amar* a que alguien piense en sí mismo incluso ante el dolor de su amante? ¿Es cierto que nos preocupamos más por nosotros mismos que por el objeto de nuestro amor, porque prefiramos saber al amante infeliz a serlo nosotros mismos a consecuencia de las censuras de nuestra propia conciencia?» En estos términos sofistas sabe este estado emocional desacreditar, cuando se opone a sus intereses, a la voz íntima de la conciencia, como si esta fuera *una incitación al amor propio*, y sabe presentar nuestra dignidad moral como si fuese *una parte constitutiva de nuestra dicha*, la cual de ese modo podríamos ceder a nuestro arbitrio. Si nuestro carácter no está firmemente salvaguardado por buenos principios, obraremos de manera infame a cada rapto de una imaginación exaltada, y creeremos obtener una victoria gloriosa sobre nuestro amor propio cuando, justamente a la inversa, somos su víctima despreciable. La conocida novela francesa *Liaisons dangereuses* nos presenta un ejemplo muy a propósito de este fraude, cometido por el amor de un alma que, por lo demás, es pura y bella. Madame de Tourvel se enamora inesperadamente y busca apaciguar su corazón atormentado a través de la idea de que ha sacrificado su virtud a la magnanimidad.

Son a las así denominadas obligaciones imperfectas a las que el sentimiento de belleza toma preferentemente bajo su protección y a las que no pocas veces afirma frente a las perfectas. Dado que aquellas descansan bastante más en la arbitrariedad del sujeto, y que, a un mismo tiempo, de ellas se desprende un cierto brillo de merecimiento, sirven por ello al gusto incomparablemente mejor que las perfectas, las cuales disponen categóricamente con áspera insistencia. ¡Cuántos hombres no se permiten ser injustos para poder ser magnánimos! ¡Cuántos no hay que para hacer bien al individuo lesionan su obligación con el todo, y viceversa; que se perdonan a sí mismos una falsedad antes que una falta de delicadeza, que excusan un atentado contra la humanidad antes que una violación del honor; que, a fin de imprimir presteza a la perfección de su espíritu, al objeto de preparar a fondo su cuerpo y aderezar su intelecto, degradan su carácter! ¡Cuántos no hay que incluso no se estremecen ante un crimen si con él se consigue alcanzar un fin honorable, que *persiguen un ideal de dicha política entre todo el horror de la anarquía, quebrantan leyes para abrirse paso y no tienen escrúpulos en abandonar a la miseria a la generación presente para, de esta manera, asegurar la felicidad a las venideras*! El aparente altruismo de ciertas virtudes les imprime una pátina de pureza que les convierte en lo suficientemente audaces como para porfiar en presencia de la obligación, y para alguno la fantasía representa el insólito fraude que consiste en pretender llegar más allá de la moralidad y en ser más razonable que la propia razón.

Una persona de gusto refinado es capaz en esta obra de una corrupción moral de la que el tosco hijo de la naturaleza, con toda su tosquedad, queda preservado. A propósito de este último, la distancia entre lo que el sentido reclama y lo que la obligación impone es tan sangrante y llamativa, y sus deseos tienen tan poco de espirituales que nunca consiguen revestirse de consideración aunque le dominen de un modo tan despótico. No obstante, si la pujante sensualidad le incita a obrar de un modo injustificado, puede sucumbir a la tentación, pero no se ocultará a sí mismo que *ha errado*, y en el mismo instante se someterá a la razón si ha actuado contra sus preceptos. El refinado pupilo del arte, por el contrario, no tolera equivocarse, y para apaciguar su conciencia prefiere *embaucarla*. A él le gusta ceder a la apetencia, aunque sin desmerecerse por ello a sí mismo. ¿Cómo lleva esto a término? Primero echa por tierra la autoridad suprema que contraría su inclinación, y antes de contravenir la ley pone en cuestión la competencia del legislador. ¿Es creíble que una voluntad trastornada pueda trastornar de este modo al entendimiento? Toda dignidad sobre la que una inclinación reivindica su derecho es sólo mérito de su acuerdo con la razón, y siendo así, la inclinación es tan obcecada como osada al usurpar esa dignidad en su disputa con la razón, incluso al servirse de la misma en contra de la autoridad racional.

Para la moralidad del carácter puede resultar aventurado que entre los impulsos sensibles y morales, los cuales ciertamente sólo pueden estar completamente unidos en la esfera de lo ideal y nunca en la realidad, impere una relación demasiado íntima. La sensualidad no arriesga nada en esta relación, puesto que ella no posee nada que no tuviera que entregar tan pronto como se pronunciara la obligación y la razón exigiera ese sacrificio. No obstante, a la razón, como legisladora moral, le resulta mucho más arriesgado permitir que la inclinación le *obsequie* con aquello que con derecho podría demandarle; pues bajo la apariencia de *voluntariedad* puede pasarse por alto con facilidad el sentimiento de *obligación*, y la sensualidad siempre puede abstenerse de obsequiar si hacerlo se le antoja comprometido. Así, para la moralidad del carácter es incomparablemente más seguro que el sentimiento estético conserve, al menos momentáneamente, la representación del sentimiento moral; que la razón exhiba constantemente y *de manera directa* su autoridad y muestre a la voluntad quién es su auténtico señor.

Por ello se dice con toda razón que la verdadera moralidad sólo demuestra su eficacia en la escuela de la adversidad y que una dicha prolongada deviene con facilidad en un escollo para la virtud. Llamo dichoso al que, para gozar, no precisa ser injusto, mientras que para obrar con justicia no necesita privarse de nada. Así, el hombre invariablemente feliz nunca se opone a la obligación, porque sus impulsos regulares y ordenados siempre anticipan el mandamiento de la razón, y porque la ley no le infunde tentación alguna de quebrantarla. Gobernado sólo por el sentido de la belleza, el lugarteniente de la razón en el mundo de los sentidos, se marchará a la tumba sin conocer la dignidad de su disposición moral. Por el contrario, el infeliz, si al mismo tiempo es virtuoso, goza del sublime privilegio de tratar *directamente* con la divina majestad de la ley y de exhibir, aun siendo hombre, la libertad del espíritu,[4] dado que ninguna inclinación asiste a su virtud.

---

4. En el original, *Dämon* (n. de los t.).

Sobre el provecho moral de las costumbres estéticas (1796)

El autor de la disertación «Sobre el riesgo de las costumbres estéticas» en el undécimo número de *Las Horas* del pasado año ha puesto en duda con razón una moralidad que se cimente únicamente sobre sentimientos de belleza y que haga del gusto su garante. Sin embargo, un sentimiento para la belleza vivo y puro ejerce claramente sobre la vida moral la influencia más afortunada, y sobre ella trataré en el presente.

Si atribuyo al gusto el logro de contribuir al fomento de la moralidad, mi opinión no puede ser que el componente con el que el buen gusto participa en una acción la convierta en una acción moral. Lo moral no puede tener una motivación distinta de sí mismo. El gusto puede *favorecer* la moralidad del comportamiento, como así espero demostrar en el presente ensayo, aunque por sí mismo nunca podrá *originar* un producto moral a través de su influencia.

Se trata aquí, a propósito de la libertad *moral* e interior, del mismo caso que respecto a la libertad *física* y externa: sólo actúo libremente, en su sentido último, cuando, manteniendo mi independencia respecto a cualquier influencia ajena, nada más que obedezco a mi voluntad. Sin embargo, en última instancia puede que deba agradecerle, efectivamente, a una causa distinta de mí la oportunidad de seguir ilimitadamente mi propia voluntad, así que se acepte que aquella hubiera podido limitarla. Asimismo, puede, en última instancia, que deba agradecerle a una causa distinta de mi racionalidad la oportunidad de obrar bien, así que esta sea contemplada como una suerte de energía que hubiera podido limitar mi libertad afectiva. Como bien se puede decir que un hombre obtiene libertad de otro hombre, pese a que la libertad misma consiste en que uno queda dispensado de dirigirse a los demás, igualmente bien se puede afirmar que el gusto asiste a la virtud, a pesar de que la propia virtud implica explícitamente que en su presencia no se atienda a ninguna ayuda ajena.

Por ello, una acción no cesa jamás de proclamarse libre porque aquel que podría haberla limitado actúe, afortunadamente, de manera impasible, eso sí, mientras nos conste que el actuante sólo estuvo obedeciendo a su propia voluntad haciendo caso omiso de una voluntad ajena. Asimismo, por este mismo motivo, una acción interior no ha perdido aún la esencia de una acción moral, porque felizmente escasean las tentaciones que la podrían haber dejado sin efecto, si aceptamos que, al caso, el actuante estuvo obedeciendo solamente al dictado de su racionalidad excluyendo los estímulos ajenos.

La libertad de una acción exterior descansa exclusivamente sobre su *origen directo en la voluntad de la persona*; la moralidad de una acción interior, por su parte, se basa solamente en la *disposición inmediata de la voluntad a través de la ley de la razón*.

Puede resultarnos más fácil o más difícil actuar como hombres libres dependiendo de si nos encontramos con fuerzas que contraríen nuestra libertad y de que sea preciso someterlas. Correspondientemente, existen grados de libertad. Nuestra libertad es más grande, al menos más manifiesta, cuando la afirmamos ante la oposición de fuerzas contrarias por impetuosas que estas sean. Sin embargo, aquella no se extingue cuando nuestra voluntad no encuentra oposición o cuando media una fuerza ajena que la mitiga sin nuestra intervención.

Igual ocurre con nuestra moralidad. Nos puede entrañar más o menos dificultad obedecer de modo inmediato a la razón en la medida en que se despierten en nosotros estímulos que opongan resistencia a sus dictados y que debamos apartar de nosotros. Correspondientemente, existen distintos grados de moralidad. Nuestra moralidad es más grande, al menos más significada cuando, aun sufriendo estas incitaciones a rebatir a la razón, por grandes que estas sean, la obedecemos de manera espontánea. Sin embargo, la moralidad no se extingue cuando no tiene lugar incitación alguna a su oposición o cuando algo distinto de nuestra facultad volutiva la debilita. En suma, siempre que actuamos así, lo hacemos moralmente bien porque es conforme a la moral y sin cuestionarnos primero si además nos resulta admisible. Todo esto suponiendo que sería probable que actuáramos de otro modo si ello nos ocasionara dolor o nos privara de placer.

En honor a la naturaleza humana, admitamos que ningún hombre puede caer tan bajo como para preferir el mal solamente por su malignidad. Antes bien, en igualdad de condiciones, cualquier hombre habría de preferir el bien por su bondad siempre que, por accidente, ello no excluyera lo admisible o atrajera hacia sí lo inadmisible. En la realidad, toda inmoralidad parece nacer de la colisión de lo bueno con lo admisible, o en una palabra, de la apetencia con la razón, y tener como fuente, de un lado, la *fortaleza* de los impulsos sensibles y, de otro, la *debilidad* de la voluntad moral.

Así, la moralidad puede favorecerse de dos modos distintos, igual que también puede ser violentada de dos maneras. O bien debe potenciarse el partido de la razón y la fuerza de la buena voluntad para que ninguna tentación pueda someterla, o bien ha de quebrarse el poder de la tentación para que la razón y la buena voluntad, ya debilitadas, se impongan sobre ella.

Podría parecer incluso que la propia moralidad no consiguiera nada por medio de esta última operación, porque mediante la voluntad, cuya naturaleza misma es capaz de transformar una acción en moral, no se llega a operar ningún cambio. Sin embargo, esto no es en absoluto necesario en el caso supuesto, en el que no se presume una mala voluntad que precise ser transformada, sino una buena que es débil. Y esta voluntad buena y débil opera por este procedimiento, lo cual no ocurriría acaso si se opusieran a ella impulsos más vigorosos. No obstante, cuando una buena voluntad se convierte en la razón de una acción, eso es que la moralidad está realmente presente. Por ello, no encuentro inconveniente en plantear la tesis de que lo que verdaderamente fomenta la moralidad es lo que neutraliza la oposición entre la inclinación sensible y el bien.

El enemigo natural interior de la moralidad es el impulso sensible al que, tan pronto se le presenta un objeto, persigue la complacencia, y tan pronto la razón le impone algo que le resulta inconveniente, se levanta contra sus preceptos. Este impulso sensible se ocupa sin descanso de atraer la voluntad hacia su propio interés, la cual, ciertamente, se encuentra subordinada a leyes morales y siente el compromiso de no encontrarse jamás en contradicción con las aspiraciones de la razón.

Pese a ello, el impulso sensible no reconoce ley moral alguna y pretende haber realizado su propósito a través de la voluntad, algo sobre lo que también la razón puede pronunciarse. Esta propensión de nuestro afán a imponer nuestra voluntad, directamente y sin consideración alguna a leyes superiores, está en conflicto con nuestra disposición moral y es el adversario más duro al que tiene que hacer frente el hombre en su actuación moral. La apetencia entrega la ley espontáneamente a los temperamentos toscos que carecen, a un tiempo, de formación moral y estética, y ellos actúan simplemente como les place a sus sentidos. Sin embargo, la razón entrega la ley de modo espontáneo a los temperamentos morales que carecen de formación estética, y estos vencen la tentación simplemente respetando a la obligación. En almas estéticamente refinadas hay otra instancia que no pocas veces reemplaza a la virtud cuando esta falta y que la alivia de carga cuando está presente. Esta instancia es el gusto.

El gusto demanda moderación y decencia, abomina de todo lo que es deleznable, rudo, violento y se inclina hacia todo aquello que se combina de manera ágil y armoniosa. Como ya es de sobras conocido, el buen tono, que no es otra cosa que una ley estética, exige de cualquier hombre civilizado que oigamos, en la tormenta de las sensaciones, la voz de la razón y que impongamos un límite a los toscos arrebatos de la naturaleza. Este imperativo que se impone el hombre civilizado en la expresión de sus sentimientos le provee de un grado de dominio sobre estos, le dota al menos de una habilidad para interrumpir, mediante un acto reflejo, el estado doliente de su alma y para demorar a través de la reflexión la fugaz transición de los sentimientos en acciones. Todo aquello que quiebra la violencia ciega de las emociones no origina, no obstante, virtud alguna (pues esta siempre ha de ser una obra exclusiva de sí misma), si bien le abre espacio a la voluntad para poder orientarse hacia ella. Esta victoria del gusto sobre la tosca emoción no es, sin embargo, en absoluto una acción moral, y la libertad que la voluntad conquista a través del gusto no consiste de ningún modo en una libertad moral. El gusto libera al ánimo del yugo del instinto sólo en tanto que lo lleva encadenado y, una vez desarmado el primer y declarado enemigo de la libertad moral, queda el gusto no pocas veces como el segundo enemigo restante, el cual puede resultar aún más amenazador bajo la envoltura

Sobre el provecho moral de las costumbres estéticas

de la amistad. Lo que quiere decir que el gusto también gobierna el ánimo sólo a través de la excitación del placer, ciertamente de un placer noble porque tiene a la razón por fuente, si bien, cuando el placer condiciona la voluntad, la moralidad deja de estar presente.

Algo grande se ha conquistado, empero, en esta intromisión del gusto en las operaciones de la voluntad. Todas aquellas inclinaciones materiales y apetencias banales que a menudo tan obstinada y procelosamente se oponen al ejercicio del bien, quedan desterradas del ánimo gracias al gusto, y en su lugar son implantadas inclinaciones más nobles y sutiles que hacen referencia al orden, la armonía y la perfección y que, pese a que por sí mismas no constituyen virtud, comparten objeto con esta. Luego si ahora se pronunciara la apetencia, debería soportar una severa inspección ante el sentido de la belleza; y si lo hiciera la razón e impusiera acciones guiadas por el orden, la armonía y la perfección, no sólo no encontraría ninguna oposición, sino que, antes al contrario, obtendría el beneplácito más enérgico por parte de la inclinación. Luego si recorremos las distintas formas bajo las cuales puede manifestarse la moralidad, entonces podremos volver a remitirnos a estas dos. O bien la sensualidad provoca la moción en el ánimo para que algo acontezca o no acontezca y la voluntad lo ejecuta de acuerdo con la ley racional; o bien la razón provoca esta moción y la voluntad la acata sin interpelar a los sentidos.

La princesa griega Anna Komnena nos relata la historia de un sublevado cautivo. El padre de ella, Alexius, siendo aún general del rebelde, tiene el encargo de escoltarlo hasta Constantinopla. En el camino, mientras ambos cabalgan, Alexius siente deseos de hacer un alto bajo la sombra de un árbol y de descansar resguardado del rigor del sol. Prontamente le sobreviene el sueño mientras al otro, a quien el pavor ante la muerte que le estaba aguardando no le permite aquietarse, permanece despierto. Cuando el primero descansa en un sueño profundo, este repara en la espada de Alexius, que colgaba de una rama del árbol, y cede a la tentación de conseguir su propia liberación por medio del asesinato de su guardián. Anna Komnena da a entender que ella no sabe lo que hubiera acontecido a continuación caso que Alexius no se hubiera, por fortuna, despertado. Este fue un pleito moral de primer orden en el que el impulso sensible llevó la iniciativa y en el que la razón, en calidad de árbitro, seguidamente dictaminó. Si aquel hubiera vencido la tentación por una simple consideración hacia la justicia, entonces no hubiera habido duda de que habría actuado conforme a la moral.

Cuando el difunto duque Leopold von Braunschweig en la orilla del impetuoso Oder deliberaba para sí, si a riesgo de su propia vida debía entregarse a la corriente procelosa para salvar a unos infelices que sin él estaban desahuciados, y desde el momento en el que (pongo este caso sólo por lo que pueda servir al conocimiento de esta obligación) subió de un salto al bote al que nadie más quería subir, ya no se le puede refutar que se comportó de acuerdo con la moral. El duque se encuentra aquí en la tesitura contraria a la anterior. Aquí apareció en primer lugar la representación de la obligación y sólo a partir de entonces el instinto de conservación empezó a dar señales de querer contrariar al dictado de la razón. No obstante, en ambos casos la voluntad se comportó del mismo modo: obedeció de manera natural a la razón, por eso ambos comportamientos son morales.

Pero, ¿siguen siéndolo si permitimos que el gusto intervenga?

Suponiendo, pues, que el primero de ellos, que había sido tentado a cometer una acción ignominiosa y que se abstuvo de hacerlo por consideración a la justicia, tiene un gusto tan formado que todo lo vergonzante y bárbaro despierta en él una repulsión insuperable, si el instinto de conservación persiste en algo vergonzante, el sentido estético por sí mismo habrá de reprobarlo. Y ello no habrá de ocurrir en ningún caso ante el foro moral, ante la conciencia, sino en una instancia anterior. Aquí, sin embargo, el sentido estético gobierna la voluntad sólo con sentimientos, no con leyes. Aquel hombre renuncia, pues, al goce de salvar la vida porque no puede soportar la contrariedad de haber cometido una bajeza. Toda la operación es llevada a término en el foro de las sensaciones, y la conducta de este hombre, da igual lo conforme a la ley que sea, es desde un punto de vista moral indiferente: nada más que un bello efecto de la naturaleza.

Suponiendo ahora que el sujeto del último ejemplo, a quien su raciocinio le dictó hacer algo contra lo que se rebelaba su instinto natural, hubiera tenido igualmente un sentido de la belleza tan sensible al que cautivara todo lo que fuera grande y perfecto, entonces, cuando la razón se hubiera pronunciado, también la sensualidad se habría puesto de su lado y él habría hecho *con* la participación de sus

Sobre el provecho moral de las costumbres estéticas

instintos lo que habría tenido que hacer, sin esta delicada impresionabilidad, en provecho de la belleza y *contra* esos instintos. Sin embargo, ¿habremos de tenerlo por ello por menos perfecto? Ciertamente, no, pues él actúa de un principio por pura consideración al dictado de la razón, y que siga ese dictado jubilosamente no puede ocasionar ningún perjuicio a la pureza moral de su comportamiento. Si tal comportamiento es, pues, desde una consideración *moral*, perfecto, por otro lado, desde una consideración *física*, es *mucho más* perfecto, pues constituye un motivo adecuado para la virtud.

Así, el gusto ofrece al ánimo una disposición adecuada para la virtud porque aleja de sí aquellas inclinaciones que suponen una traba para ella y despierta las que le son propicias. El gusto no puede perjudicar a la verdadera virtud cuando, en todos los casos en los que el instinto natural constituye su primer estímulo, resuelve ante su tribunal aquello sobre lo que, en otro caso, la conciencia debería haber fallado, y, en consecuencia, es la causa de que se cuenten más acciones indiferentes que las verdaderamente morales entre las de quienes son regidos por él. Pues la excelencia del ser humano no consiste en absoluto en una mayor *suma de acciones individuales rigorísticomorales*, sino en la mayor concordancia de la constitución natural con la ley moral, y no redundará en un mayor servicio al pueblo o a un tiempo histórico el hecho de que se discurra con mayor frecuencia acerca de la moralidad y de los actos morales individuales. Antes bien, es de esperar que en el final de la cultura, si es que algo así puede llegar a conjeturarse, ese *discurso* siga otros derroteros. Por el contrario, el gusto puede servir *positivamente* a la virtud verdadera en todos los casos en los que la razón constituye su primer estímulo y está en peligro de quedar en minoría respecto al poder del instinto natural. Lo que implica que en estos casos aquel aprueba nuestra sensualidad para beneficio de la obligación y asimismo amplía, de este modo, una dimensión reducida de la voluntad moral del ejercicio de la virtud.

Si ahora el gusto así entendido no ocasiona en ningún caso perjuicio a la moralidad verdadera, aunque en otros casos sea manifiestamente provechoso, el *contexto* debe contener, pues, una importancia decisiva para que la *legalidad* de nuestra conducta se promueva en grado elevado. Suponiendo ahora que la cultura literaria no pudiera contribuir en absoluto a hacernos mejor intencionados, al menos nos habilitará para actuar, aun sin una verdadera intención moral, del mismo modo en que comportaría esta intención moral. En tal caso, ante un foro moral no hay nada que dependa de nuestras acciones, excepto cuando estas son expresión de nuestras intenciones. Pero, contrariamente, ante un foro físico y dentro del plan de la naturaleza, no habrá nada que dependa de nuestras intenciones, excepto cuando estas originan acciones a través de las cuales se promueve la finalidad natural. No obstante, ambos órdenes universales, el físico en el que rigen las energías, y el moral, en el que lo hacen las leyes, se evalúan mutuamente con tanta precisión y se entretejen tan íntimamente que las acciones que, desde una consideración formal, son moralmente pertinentes, encierran en sí, también por su contenido, una pertinencia física. E igual que el edificio natural en su integridad parece existir solamente para hacer posible la más elevada de las finalidades, que es el bien, así el bien se vuelve a usar como un medio para mantener en pie este edificio natural. El orden de la naturaleza ha sido subordinado a la moralidad de nuestras intenciones, y no podemos contravenir al mundo moral sin causar un trastorno en el físico.

Si nunca hay que esperar de la naturaleza humana, mientras lo siga siendo, que actúe como razón pura ininterrumpidamente y sin regresión, de manera siempre análoga y constante, y que no contraríe nunca al orden moral; si, plenamente convencidos tanto de la necesidad como de la posibilidad de la existencia de la virtud pura, hemos de reconocer cuán fortuito es su ejercicio en la realidad y cuán poco podemos contar con la infalibilidad de nuestros mejores principios; si pensamos, conscientes de nuestra inconstancia, que el edificio de la naturaleza padece cada uno de nuestros deslices morales; y si tenemos presente todo esto, entonces constituiría la osadía más insolente hacer depender lo mejor del mundo de la contingencia de nuestra virtud. Antes al contrario, para nosotros se origina aquí un compromiso, que es cuanto menos el de contentar al orden físico universal a través del *contenido* de nuestras acciones, aun cuando no hubiéramos de hacer lo propio con el moral a través de la *forma* de las mismas. Cuanto menos, este compromiso consiste en tributar a la finalidad natural, en calidad de instrumentos perfectos, lo que nosotros, como personas racionales imperfectas, debemos a la razón para evitar tener que afrontar simultáneamente con deshonra ambos tribunales. Si en

Sobre el provecho moral de las costumbres estéticas

beneficio de la legalidad de nuestra conducta no quisiéramos convenir con ninguna institución porque esta careciera de valor moral, entonces el orden universal correspondiente podría disolverse, y antes de que estuviésemos en condiciones de actuar conforme a nuestros fundamentos, todos los lazos de nuestra sociedad estarían rotos. Sin embargo, cuanto más contingente es nuestra moralidad, más necesario es tomar medidas en beneficio de la legalidad y se nos puede imputar, desde un punto de vista moral, un comportamiento negligente, irreflexivo y soberbio de esta última. Igual que el demente que presiente su paroxismo inminente aleja de sí todos los cuchillos y se ofrece a las cadenas para, en situación de cordura, no ser responsable de los desmanes de su cerebro desquiciado, de la misma manera venimos obligados a contraer un compromiso, sea a través de la *religión* o de las *leyes estéticas*, para que nuestro apasionamiento, en sus períodos de dominio, no lesionen el orden físico.

He incluido en una misma categoría a la religión y al gusto no sin intención porque ambos tienen en común el logro de servir al resultado, aunque no según su valor interior, como sucedáneo de la virtud verdadera, y de salvaguardar la legalidad allí donde la moralidad no se ha de esperar.

Pese a que el valor interior, que no precisaría ni de la excitación de la belleza ni del horizonte de la inmortalidad para comportarse conforme a la razón en todas las circunstancias, ocuparía indiscutiblemente una posición superior en el rango de los intelectos, no obstante, las propias limitaciones ya conocidas de la humanidad obligan al moralista más severo, de un lado, a ceder algo, en la práctica, en el rigor de su sistema, ya que no se le permite hacerlo en la teoría, y de otro, a afianzar más firmemente el bienestar del género humano –el cual quedaría absolutamente desatendido a cargo de nuestra azarosa virtud– en sus anclajes firmes correspondientes, la religión y el gusto.

www.ingramcontent.com/pod-product-compliance
Lightning Source LLC
Chambersburg PA
CBHW030448220526
45464CB00006B/2451